THAI LAND

INSIDER-TIPP
Deine Abkürzung ins Erleben!

Reisen mit MARCO POLO
Insider-Tipps

MARCO POLO TOP-HIGHLIGHTS

KÖNIGSPALAST UND WAT PHRA KAEO ⭐
Die Palastanlage in Bangkok mit dem Königlichen Tempel (Foto) ist ein Ensemble von erhabener Majestät.

➤ S. 42, Zentralthailand

AYUTTHAYA ⭐
Mächtige Ruinen erinnern an die Hauptstadt eines großen Königreichs.
📷 *Tipp: Ganz besonders tief verwurzelt präsentiert sich Buddha in einem Baum im Wat Mahathat.*

➤ S. 49, Zentralthailand

ALT-SUKHOTHAI ⭐
Hier begann die Geschichte Thailands: Eine mystische Atmosphäre umgibt den Ort.
📷 *Tipp: Fang den Zauber, der dich umgibt, zum Sonnenaufgang oder Sonnenuntergang ein.*

➤ S. 54, Zentralthailand

ALTSTADT VON CHIANG MAI ⭐
Zauberhafte Tempel, Gespräche mit Mönchen und Schlendern durch die Museen.

➤ S. 60, Der Norden

KHAO-YAI-NATIONALPARK ⭐
Landschaftliche Vielfalt und tolle rauschende Wasserfälle erwarten dich im Nationalpark.
📷 *Tipp: Folge einem Parkranger, um die wilden Elefanten vor die Linse zu bekommen.*

➤ S. 75, Der Nordosten

PHUKET ⭐
Thailands größte Insel bietet viel: Topstrände, Urwald, Nightlife und eine lebendige Hauptstadt.

➤ S. 100, Der Süden

KO PHI PHI ⭐

Die Inseln von Phi Phi mit ihren schroffen Klippen und sahneweißen Stränden sind ein Wunder der Natur.
📷 *Tipp: Es lohnt sich, zum Viewpoint raufzuklettern – die ganze Schönheit auf einen Blick!*

➤ S. 104, Der Süden

BUCHT VON PHANG NGA ⭐

Schon Filmheld James Bond war von den bizarr geformten Kalksteinbergen im Meer beeindruckt.

➤ S. 105, Der Süden

KHAO-SOK-NATIONALPARK ⭐

Abenteuer im Dschungel, wo Wasserfälle rauschen, Zikaden summen und Gibbons rufen.

➤ S. 108, Der Süden

KO SAMUI ⭐

Die Südsee beginnt im Golf von Thailand: Die Insel besitzt traumhaft schöne Palmenstrände.
📷 *Tipp: Schon beim Anflug über die Küste lassen sich Buddhas und blendend weiße Strände aus der Vogelperspektive festhalten.*

➤ S. 112, Der Süden

INHALT

36		**DIE REGIONEN IM ÜBERBLICK**

38 ZENTRALTHAILAND

Bangkok	42
Rund um Bangkok	48
Ayutthaya	49
Kanchanaburi	50
Rund um Kanchanaburi	52
Sukhothai	54

56 DER NORDEN

Chiang Mai	60
Rund um Chiang Mai	63
Chiang Rai	64
Rund um Chiang Rai	65
Pai	66
Rund um Pai	68
Mae Hong Son	68
Rund um Mae Hong Son	69

70 DER NORDOSTEN

Nakhon Ratchasima	74
Rund um Nakhon Ratchasima	75
Khon Kaen	78
Rund um Khon Kaen	79
Nong Khai	80
Rund um Nong Khai	81

82 OSTKÜSTE

Pattaya	86
Rund um Pattaya	90
Ko Chang	91
Rund um Ko Chang	94

96 DER SÜDEN

Phuket	100
Rund um Phuket	104
Khao Lak	106
Rund um Khao Lak	108
Krabi	108
Ko Lanta	110
Rund um Ko Lanta	112
Ko Samui	112
Rund um Ko Samui	117

INHALT

MARCO POLO TOP-HIGHLIGHTS
2 Die 10 besten Highlights

DAS BESTE ZUERST
8 ... bei Regen
9 ... Low-Budget
10 ... mit Kindern
11 ... typisch

SO TICKT THAILAND
14 Entdecke Thailand
17 Auf einen Blick
18 Thailand verstehen
21 Klischeekiste

ESSEN, SHOPPEN, SPORT
26 Essen & Trinken
30 Shoppen & Stöbern
32 Sport

MARCO POLO REGIONEN
36 ... im Überblick

ERLEBNISTOUREN
120 Aktiv auf den Spuren alter Königreiche
124 Abenteuer im Dschungel der Riesenblume

127 Sonne, Strand und Unterhaltung für die ganze Familie

GUT ZU WISSEN

130 **DIE BASICS FÜR DEINEN URLAUB**
Ankommen, Weiterkommen, Im Urlaub, Feste & Events, Notfälle, Wichtige Hinweise, Wettertabelle

140 **SPICKZETTEL ENGLISCH**
Nie mehr sprachlos

142 **URLAUBSFEELING**
Bücher, Filme, Musik & Blogs

144 **TRAVEL PURSUIT**
Das MARCO POLO Urlaubsquiz

146 **REGISTER & IMPRESSUM**

148 **BLOSS NICHT!**
Fettnäpfchen und Reinfälle vermeiden

(🕒) Besuch planen
🍴 Essen/Trinken
€–€€€ Preiskategorien
🛍 Shoppen
(*) Kostenpflichtige Telefonnummer
🍸 Ausgehen
🌴 Top-Strände

(🗺 A2) Herausnehmbare Faltkarte
(🗺 a2) Zusatzkarte auf der Faltkarte
(0) Außerhalb des Faltkartenausschnitts

**BESSER PLANEN
MEHR ERLEBEN!**

**Digitale Extras
go.marcopolo.de/app/tai**

DAS BESTE ZUERST

Paradiesischer Strand: Longtailboote am Phra Nang Beach von Krabi

BEST OF BEI REGEN

SCHÖN, AUCH WENN ES REGNET

RAN AN DEN WOK
Wie wird das Curry so schön cremig? Was muss rein, damit die Garnelensuppe *tom yam gung* gleichzeitig süß, sauer und scharf schmeckt? Einen Einblick in die Geheimnisse der Thai-Küche gibt es bei einem Kochkurs, zum Beispiel im *Blue Elephant* in Bangkok.
➤ S. 47, Zentralthailand

SHOPPING UNTER DACH UND FACH
Bangkoks Konsumtempel bieten einfach alles, vom Schlüsselanhänger bis zum Luxusauto. Die wichtigste Shoppingmeile der Hauptstadt liegt an der Skytrain-Route. Und von dort geht's mit direktem und überdachtem Zugang zu Einkaufszentren wie dem gigantischen *Siam Paragon* (Foto).
➤ S. 46, Zentralthailand

ZEITREISE IM MUSEUM
Im *Museum of Siam* in Bangkok findest du spielend leicht den Einstieg in die Geschichte und Kultur des Landes, dank viel technischer Raffinesse und einer gehörigen Portion Thai-Humor.
➤ S. 43, Zentralthailand

EINE AUSSTELLUNG, DIE KAUM ZU GLAUBEN IST
Nicht nur bei Regen voll: Du kannst es glauben oder nicht, bei *Ripley's World* in Pattaya gibt's die „Titanic" aus einer Million Streichhölzern, ein dreibeiniges Pferd und 300 andere skurrile Exponate – und Action.
➤ S. 87, Ostküste

KINO MIT ABSOLUTEM LUXUS
Wenn es draußen in Strömen regnet, wie wäre es mit einer Runde Kuscheln im *SFX Cinema,* dem Multiplexkino des Central Festival in Pattaya, im First-Class-Kinosessel – Drink oder Snack kommen direkt an den Platz.
➤ S. 89, Ostküste

BEST OF
LOW-BUDGET
FÜR DEN KLEINEN GELDBEUTEL

NÄCHTLICHER RUINENZAUBER
Ab 18 Uhr kostet der zentrale Bereich der Tempelanlagen in *Alt-Sukhothai* keinen Eintritt – und wirkt durch die effektvolle Beleuchtung noch mystischer.
➤ S. 55, Zentralthailand

ZU FUSS DURCH DEN MANGROVENSUMPF
Spar dir die Miete fürs Kajak: Auf Ko Chang spazierst du auf dem *Mangroven-Lehrpfad* übers Wasser und erlebst so die Welt der Schlammspringer, Warane und Krabben.
➤ S. 93, Ostküste

LOGENPLATZ MIT MEERBLICK
Am Kap Promthep kommen allabendlich Hunderte Schaulustige zusammen, um die legendären Sonnenuntergänge zu bewundern. Die schönste Aussicht bietet der *Leuchtturm,* bei freiem Eintritt (Foto).
➤ S. 101, Der Süden

HEILIGTÜMER AM SEE
Palmen am Seerosenteich und zwei filigrane Tempel, die man gratis betreten darf: *Wat Chong Klang* und *Wat Chong Kham* in Mae Hong Son könnten Kulisse für ein orientalisches Märchen sein.
➤ S. 69, Der Norden

HÖHLE DER PHALLI
An den Nachbarstränden von Railay in Krabi locken außergewöhnliche Höhlen – und in die bizarre *Phra Nang Cave* darfst du umsonst rein: Hier stehen Hunderte von hölzernen Phalli stramm.
➤ S. 109, Der Süden

ANMUTIGE TEMPELPRACHT
Beim Spaziergang durch Chiang Mai trifft man alle paar Minuten auf einen Tempel. In einigen ist der Eintritt sogar frei, etwa im prachtvollen *Wat Chiang Man.*
➤ S. 60, Der Norden

BEST OF
MIT KINDERN

SPANNENDES FÜR GROSS & KLEIN

HAIE UND KLEINE FISCHE IM TUNNEL AUS GLAS

Trockenen Fußes durchs Meer? Die *Sea Life Bangkok Ocean World* macht's möglich. Von furchteinflößenden Haien im beeindruckenden Glastunnel über Riesenkrebse bis hin zu niedlichen Pinguinen, hier kannst du die ganze Vielfalt der Ozeane bestaunen.

➤ S. 48, Zentralthailand

DINOS ZUM ANFASSEN …

… nachts sogar mit glühendem Vulkan: Im *Dino Park* in Phuket können sich nicht nur die Kids in den Jurassic Park versetzt fühlen – und gleichzeitig Minigolf spielen.

➤ S. 103, Der Süden

TOLLE 3-D-EFFEKTE

Bei *Art in Paradise* sorgen optische Tricks für tolle Effekte, mal zum Lachen, mal zum Gruseln, aber immer mit Selfiemania. Die Funausstellungen gibt es mittlerweile in vielen Urlaubsorten Thailands, so auch in Pattaya.

➤ S. 87, Ostküste

BEI SCHIMPANSE, STACHELSCHWEIN & CO.

Im *Khao Kheow Open Zoo* bei Pattaya warten große und kleine Tiere aufs zweibeinige Jungvolk: Alle können bestaunt und fotografiert werden, und einige darf man sogar streicheln. Action gibt's bei Shows, Pinguinparade und Nachtsafaris.

➤ S. 91, Ostküste

ALLES SPASS, ODER WAS?!

Dinosaurier im Sandkasten und Spiegeltunnel: Im *Children's Discovery Museum* in Bangkok gibt's was zu lernen, aber auf die spielerische Art! Zum Austoben geht es auf den Spielplatz, für Abkühlung sorgt eine Dusche aus der Wasserkanone.

➤ S. 47, Zentralthailand

BEST OF
TYPISCH
DAS ERLEBST DU NUR HIER

EIN HAUS FÜR GEISTER
Auch Geister brauchen eine Heimstatt, damit sie nicht umherschwirren und Unheil stiften. Die Thais bauen ihnen deshalb Schreine und bringen Opfergaben dar, das berühmteste Geisterhaus des Landes ist der *Erawan Shrine* in Bangkok.
➤ S. 22, Thailand verstehen

SHOW DER LADYBOYS
Nirgendwo sonst erlebt du so opulente Travestieshows wie in Thailand. Die Damen werden hier *kathoeys (ladyboys)* genannt, ihr Kostümspiel inszenieren *Tiffany's Show* und *Alcazar* in Pattaya besonders spektakulär.
➤ S. 90, Ostküste

MIT FÄUSTEN UND FÜSSEN
Beim Thaiboxen geht's hoch her, die Zuschauer machen auf den Rängen fast genauso viel Action wie die Fighter im Ring. Dort unten fliegen nicht nur die Fäuste, die Kämpfer setzen auch Ellenbogen, Knie und Füße ein. Die besten des Landes messen ihre Kräfte im *Ratchadamnoen-Stadion* in Bangkok.
➤ S. 20, Thailand verstehen

INSELN WIE SAND AM MEER
Egal, ob du Rummel oder Entspannung als einsamer Robinson suchst: Garantiert fündig wird man im Golf von Thailand, genauso wie in der Andaman-See. Ein Paradies der Ruhe ist *Ko Jum,* wo sich manchmal mehr Affen als Touristen am Strand tummeln.
➤ S. 112, Der Süden

NACHT DER GAUMENFREUDEN
Wenn die Nacht kommt in Thailand, wird's feurig. In jeder größeren Stadt fauchen Gaskocher und glühen Holzkohlenfeuer, fliegende Köche bereiten leckere Snacks und Mahlzeiten zu. Auf dem *Nachtmarkt in Khon Kaen* kannst du auch regionale Spezialitäten wie gegrillte Heuschrecken probieren.
➤ S. 79, Der Nordosten

SO TICKT THAILAND

Frauen vom Bergvolk der Akha pflücken Tee bei Mae Salong

ENTDECKE THAILAND

Der Wat Pho in Bangkok ist einer der ältesten Tempel der Hauptstadt

Ein Bauerndorf im Nordosten Thailands. Ein Mönch läuft die staubige Straße entlang. Eine alte Frau kniet vor ihrem Pfahlhaus und bietet ihm ihre Gaben an. Ein wenig Reis, zwei hart gekochte Eier. Der Mönch hält ihr die Almosenschale hin, er verliert kein Wort des Dankes. Dank zu sagen ist Sache der Spenderin: Sie hat Gelegenheit bekommen, Gutes zu tun.

URLAUBSLAND NUMMER EINS IN ASIEN

Thailand ist ein Land voller Geheimnisse. Und doch sind es vor allem seine Menschen, die Thailand zum Urlaubsland Nummer eins in Asien gemacht haben. Leicht zu verstehen ist dieses Volk aus unserer Sicht nicht. Das modernste Smartphone ist für die Thais unverzichtbares Statussymbol, aber die gleichen Leute fürchten sich vor Geistern und bauen ihnen zur Besänftigung ein Häuschen an

8.–11. Jh. Thais wandern aus Südchina ein

1238 Sukhothai wird Hauptstadt des ersten Thai-Königreichs

1350 In Ayutthaya entsteht ein neues Königreich, das die Burmesen 1767 zerstören

1782 König Chakri, Rama I., gründet das Dorf Bangkok als neue Hauptstadt

1932 Staatsstreich, Umwandlung der absoluten in eine konstitutionelle Monarchie

1939 Siam erhält den Namen Thailand, „Land der Freien"

SO TICKT THAILAND

jeder Ecke. Nicht immer waren die Geister dem Land günstig gestimmt. Auch wenn die Thais stets auf Ausgleich bedacht sind, so machten sie doch mit ihrem Nachbarn im Nordwesten schlechte Erfahrungen: 1767 legten die Burmesen Ayutthaya, eine der glanzvollsten Metropolen der damaligen Zeit, in Schutt und Asche.

PUTSCHE UND PROTESTE

Als sich die europäischen Mächte daran machten, Fernost unter sich aufzuteilen, fiel Siam als einziges Land in Südostasien nicht unter koloniales Joch. Flexibel wie Bambus, der sich dem Wind beugt, um nicht zu zerbrechen, lavierte sich die Nation auch durch den Zweiten Weltkrieg und verbündete sich mit den übermächtigen Japanern. Die Nachkriegsgeschicke Thailands beherrschten Generäle, die sich immer wieder an die Macht putschten und Studentenproteste 1973 und 1976 blutig niederschlugen. Aber der Wirtschaftsboom der 1980er-Jahre veränderte nicht nur die Skyline von Bangkok, sondern auch die politische Landschaft. Es entstand eine breitere Mittelschicht mit politischem Bewusstsein, die mehr Mitspracherechte einforderte, teils mit drastischen Mitteln. 2008 besetzten Regierungsgegner sogar den internationalen Flughafen von Bangkok. 2010 blockierten Regierungsanhänger aus Protest das Hauptgeschäftsviertel der Hauptstadt. Nach Jahren der Unruhen zwischen beiden Seiten mit fast einhundert Toten kam es im Mai 2014 zu einem weiteren Militärputsch, dem zwölften erfolgreichen Staatsstreich seit dem Ende der absoluten Monarchie. Seitdem regiert der oberste General und Armeechef Prayut Chan-o-cha als Ministerpräsident das Land.

2004 Beim Tsunami sterben in Südthailand 5400 Menschen

2016 König Bhumibol Adulyadej, Rama IX., stirbt nach 70-Jahren Regentschaft. Kronprinz Maha Vajiralongkorn wird ein Jahr später zum Nachfolger ernannt

2022 Die seit 2018 geschlossene Maya Bay (Ko Phi Phi) ist wieder geöffnet, Baden bleibt verboten

2023 Der historische Hauptbahnhof Hua Lamphong mitten in Bangkok soll als Museum eröffnet werden, die meisten Züge verkehren dann ab Bang Sue Grand Station

REISKAMMER UND PARADIESSTRÄNDE

Mit 513 115 km² ist Thailand ungefähr so groß wie Spanien. Die Zentrale Ebene ist die Reiskammer und mit der Millionenstadt Bangkok zugleich das wirtschaftliche Herz des Landes. Ausläufer des Himalaja bilden die Berge des Nordens mit angenehmen Temperaturen. Dagegen ist die Hochebene des Nordostens dürregeplagt, aber fast ausschließlich Bauernland. Rund 20 Mio. der 69 Mio. Thais leben hier im Isan, dem Armenhaus Thailands. Nur wenige der bis zur Coronakrise sagenhaften 40 Mio. Touristen reisen in den ursprünglichen Nordosten. Mit der Pandemie kam 2020 der Einbruch auf nicht einmal 7 Mio. Reisende, 2021 besuchten wieder 20 Mio. das Land. Die meisten zieht es in den Süden, wo das Meer türkis leuchtet und die feinen, sahneweißen Sandstrände Urlaubsträume wahr werden lassen. Auf den Feldern wächst Ananas, in Plantagen stehen Gummibäume Spalier, Kokospalmen werfen ihre gefiederten Schatten, und die Fischer binden bunte Tücher und Blütengirlanden an den Bug ihrer Boote.

BANGKOK – EIN GIGANTISCHER MOLOCH

Auf den ersten Blick wirkt Thailands Hauptstadt mit ihren glänzenden Hochhäusern, kolossalen Einkaufspalästen und notorisch verstopften Straßen wie viele andere Weltmetropolen, doch hinter der fortschrittlichen Fassade versteckt sich thaitypisches Leben. In Straßenschluchten, die von steil aufragenden Wohnsilos eingerahmt sind, werden an einfachen Garküchen die beliebtesten Gerichte feilgeboten, Motorradtaxifahrer mit ihren grellbunten Westen sitzen flachsend zusammen im Schatten eines alten Baums, und vor modernsten Einkaufszentren beten Menschen kniend zu Buddha und Hindu-Gottheiten – ein thailändisches Gemisch aus Tradition und Moderne.

AUF ABENTEUERLICHEN PFADEN

Noch zur Zeit des Zweiten Weltkriegs überspannte ein grünes Dach fast das ganze Königreich: 70 Prozent der Fläche waren bewaldet. Aber die wachsende Bevölkerung brauchte immer mehr Agrarland. Heute sind die Waldgebiete auf etwa 20 Prozent geschrumpft. Nur noch 2000 bis 3000 wilde Elefanten sollen durch den Dschungel streifen, die Zahl der vom Aussterben bedrohten Großkatzen wird auf einige Hundert geschätzt. Ihre Rückzugsgebiete sind nur wenige der rund 150 Nationalparks, die immerhin über die Hälfte der Waldfläche ausmachen und teils abenteuerliche Touren abseits der Trampelpfade verheißen. Im Golf von Thailand und in der Andaman-See warten Tauchspots, die zu den besten in Südostasien gehören, auf Erkundung. Mit etwas Glück begegnet man einem riesigen Walhai und schwebt ein Weilchen mit ihm durch sein Revier. Oder zwischen den gefleckten und ebenfalls harmlosen Leopardenhaien. Die konfettibunten Korallenfische lassen sich auch ohne einen Tauchguide als Lotsen überall im Meer blicken. Einfach mal abtauchen heißt die Devise in Thailand – ob im wohltemperierten Nass, im Meditationskloster oder bei der Strandlektüre!

SO TICKT THAILAND

AUF EINEN BLICK

69 MIO.
Einwohner

Deutschland: 84 Mio.

2563
Das Jahr 2020 nach buddhistischer Zeitrechnung

3.219 km
Küstenlänge

Deutschland: 2.389 km

513.115 km^2
Fläche

Deutschland: 357.000 km^2

HÖCHSTER BERG: DOI INTHANON
2.565 M
Zugspitze: 2.962 m

33.000
TEMPEL UND KLÖSTER

LÄNGSTER FLUSS: CHAO PHRAYA
360 KM
Rhein (nur in Deutschland): 865 km

LÄNGSTER HAUPTSTADTNAME DER WELT
Krung Thep Mahanakorn Amornrattanakosin Mahinthara Mahadhilokphob Nopparatjathani Burirom Udomratjanivet Mahasathan Amornpimarn Auwatharnsathit Sakaraya

BANGKOK
Größte Stadt mit ca. 11 Mio. Einwohnern (Berlin: 3,7 Mio.)

KITTI
Die Hummelfledermaus ist winzig und wiegt nur 2 g

19 FORMEN DER ANREDE UND 17 MÖGLICHKEITEN, „ICH" ZU SAGEN

THAILAND VERSTEHEN

AMULETTE IM DUTZEND
Gegen das Unglück kann man sich in Thailand gut wappnen, z. B. mit Amuletten. Meist sind es kleine Buddhafiguren oder Abbilder berühmter Mönche, die man sich um den Hals legt – je massiger das „Goldkettchen", desto größer der Schutz. Leute mit besonders gefährlichen Berufen, wie etwa Bus- oder Taxifahrer, bekränzen sich schon mal mit einem ganzen Dutzend solcher Glücksbringer. Die Amulette können ihre Kräfte natürlich nur dann entfalten, wenn sie von einem Mönch geweiht wurden.

PEINLICH, PEINLICH
Benimmfallen gibt es auch in Thailand wie Sand am Meer. Wer käme schon in Berlin auf die Idee, eine Currywurst mit dem Löffel zu verspeisen oder dem Kofferträger die Hand zu schütteln? Na also: Reisgerichte werden mit Löffel und Gabel gegessen und, nein: nicht mit Stäbchen! Ausnahme: die Nudelsuppe, ausgerechnet, die isst man löffelnd und mit Stäbchen. Und die anmutige ▪ Begrüßung der Thais mit den gefalteten Händen vor der Brust hebt man sich am besten für diejenigen auf, die ihn laut Benimmregeln „verdient" haben: Bedienungspersonal und Kinder werden streng genommen nicht mit dem *wai* begrüßt. Je höher der soziale Rang des Gegenübers, je älter die Person, desto höher die Handhaltung – bei einem Abt oder Mönch berühren die Fingerspitzen schon fast die Stirn mit einer leichten Verbeugung.

Hüten sollte man sich vor respektlosen Bemerkungen über das Königshaus oder den Buddhismus – da verstehen die Thais keinen Spaß! Und Achtung, Gesichtsverlust: Bloß nicht die Selbstkontrolle verlieren, etwa durch Herumbrüllen. Den Kopf eines Einheimischen sollte man besser nicht berühren, selbst wenn es freundschaftlich gemeint ist. Die Fußsohle als niederster Körperteil darf nicht auf andere gerichtet werden, schon gar nicht auf eine Buddhastatue.

HOCH AUF DEM ELEFANTEN?
Touristen und Elefanten in Asien – ein heikles Thema. Der Kontakt zu den domestizierten Elefanten ist zumeist sehr kommerzialisiert und ein lukratives Geschäft. Zahllos sind die Elefantencamps, breit das Angebot von bloßer Interaktion beim Füttern und Streicheln über Shows mit „malenden" Dickhäutern und Reitausflügen mit schweren Sitzbänken bis hin zu mehrtägigen Mahout-Kursen mit „Elefantenführerschein". Die Grenze zwischen Ruhesitz für alternde „Jumbos" und reiner Touristenbespaßung verläuft dabei fließend. Abzuraten ist von allen Zirkusprogrammen mit nicht artgerechten Kunststücken. Eine Trendwende ist spürbar: Es öffnen im ganzen Land mehr oder weniger empfehlenswerte Elephant Sanctuaries. Die echten Zufluchtsorte für Elefanten sind jedoch nur die Elefantenfarmen ohne Kontakt mit den Besuchern, das heißt:

SO TICKT THAILAND

kein Streicheln, kein Füttern, geschweige denn Mitbaden und Schmusen – nur Zugucken! „Hands off" heißt es z.B. bei der *Somboon Legacy Foundation (somboonlegacy.org)* bei Kanchanaburi. Informier dich am besten selbst vor der Buchung einer Begegnung mit Elefanten bei den entsprechenden Tierschutzorganisationen.

IN BUDDHAS NAMEN

Etwa 95 Prozent aller Thais sind Buddhisten. Vor allem auf dem Land gehen Jungs und junge Männer als Novizen oder Mönche auf Zeit für ein paar Tage, Wochen oder Monate ins Kloster. Im Buddhismus bedeutet Leben auch Leiden, der Grund für das Leiden sind Begierden, z.B. nach Besitz. Doch das Streben nach Wohlstand ist fast zu einer neuen Religion geworden und hat sogar Mönche und Klöster erfasst. Manche Buddhajünger, die mit ihren Bettelschalen morgens von Haus zu Haus ziehen, nehmen auch Geld an – was sie nach der reinen Lehre Buddhas nicht sollten.

Buddha ist in Chiang Mai in über 300 Tempeln allgegenwärtig

INSIDER-TIPP: Vortrag bei Buddha im Tempel

Wäre es nicht spannend, im Gespräch mit einem Mönch etwas über den Buddhismus zu erfahren? Versuch es mal bei einem *Monk Chat*, z.B. in Chiang Mai im *Wat Chedi Luang* (s. S. 60) oder im ★ *Wat Suan Dok* (Suthep Road | Eintritt frei).

KLEINE TEMPELKUNDE

Wat ist die Bezeichnung für Tempel oder Kloster, beide gehören normalerweise zusammen. Die Gebetshalle eines Wat wird *bot* genannt. *Chedi* sind spitz zulaufende Türme mit glockenartigem Fuß, Türme im klassischen Khmer-Stil heißen *prang*. Selbstverständlich werden diese sakralen Anlagen nur mit körperverhüllender Kleidung betreten: Schultern und Knie müssen bedeckt sein, das gilt für Männer wie für Frauen. Notfalls tut es auch ein Sarong um die Schultern. Die Schuhe lässt man vor Betreten des Haupttheiligtums an der Schwelle zurück. An und auf Buddhafiguren sollte man nicht fürs Foto posieren, die Füße dürfen beim Sitzen nicht in Richtung des Buddhas zeigen. Frauen dürfen Mönche keinesfalls berühren.

Tritte erlaubt: Beim Thaiboxen setzen die Kämpfer auch ihre Füße ein

LECKER WANZEN

Augen zu, Mund auf und durch! Was für manch einen hierzulande eine ekelhafte Mutprobe ist, gilt in Thailand als Leckerbissen, vor allem im Norden und Nordosten. Dabei liegen die Thais voll im Trend: Insekten sind reinste Biokost, nachhaltig und im Überfluss vorhanden. Und gesund sind die eiweißreichen Kriechtierchen allemal – manche sogar aphrodisisch-stimulierend, so sagt man(n).

Neugierig? Also ran an die stets frischen und knusprig frittierten Heuschrecken! Grashüpfer *(ta ka tan)* oder die fetteren Grillen *(jing reed)* schmecken wie salziges Popcorn oder Salzstangen. Oder wie wäre es mit roten Ameisen *(mod daeng)* oder deren Eiern und Larven? Manchem läuft das Wasser im Mund zusammen bei den Wasserwanzen *(malaeng da na,* oft verwechselt mit Kakerlaken, Hühnchenkonsistenz), Seidenraupen *(nhon mhai,* ein bisschen erdnussig) und Bambusraupen *(rod duan)*. Auf den Straßenmärkten kannst du dich von Stand zu Stand durchfuttern. Ein Tütchen kostet meist etwa 0,50 Euro, die frittierten Skorpione um die 2 Euro – z. B. auf Bangkoks *Klong-Toey-Markt* (tgl. 22–15 Uhr, am besten nachts) oder in der *Khao San Road*.

TRENDY MUAY THAI

Mehrmals wöchentlich brennt die Luft im ⚑ *Ratchadamnoen-Stadion (Mo, Mi, Do, So | 1 Ratchadamnoen Nok Road | rajadamnern.com)* in Bangkok: Beim *muay thai* fliegen nicht nur die Fäuste,

SO TICKT THAILAND

sondern auch die Füße! Trommler heizen die Stimmung an, und als notorische Zocker lassen die Thais keine Gelegenheit zum Wetten aus, schon gar nicht beim thailändischen Kickboxen. Wer die jahrtausendealte Kampfsportart einmal ausprobieren will, sollte fit sein: Den richtigen Kick mit 15 Grundtechniken lernt man in den angesagten Trainingscamps für Ausländer in vielen Urlaubsorten, etwa auf Ko Phangan.

NICHT IN DIE TÜTE!

Der Umweltschutz steckt in Thailand noch in den Kinderschuhen. Uraltbusse stoßen dunkle Rußwolken aus, Abwässer fließen ungeklärt in Flüsse und ins Meer, Menschen werfen ihren Abfall einfach irgendwo weg. Aber es gibt Licht am Ende des Tunnels: Ganze Schulklassen ziehen los, um die Landschaft von Abfall zu säubern, Tauchschulen veranstalten regelmäßig Säuberungsaktionen unter Wasser. Touristen sind als Helfer willkommen, wenn Korallenriffe vom Müll befreit werden. Vereinzelt gibt es auch schon Initiativen, die Jute statt Plastik propagieren, und auf Ko Samui werden sogar aus Mopedschrott richtig teure Recyclingkunst und Möbel gemacht. Du kannst zur Müllvermeidung beitragen, indem du auf die Plastiktüte verzichtest, die in den Shops selbst für kleinste Einkäufe ausgehändigt wird – vergleichbar mit den Coffee-to-go-Becher-Bergen bei uns zu Hause. Oder du packst bei *Samui Clean/Trash Hero (Facebook: samuiclean)* beim Müllsammeln an den Stränden mit an (jeden Sonntag um 15 Uhr).

KLISCHEE KISTE

THAI-MASSAGE = „BODY-TO-BODY"-MASSAGE

Wer bei ⚑ Thai-Massage immer noch nur an das Eine denkt, wird sich wundern, wenn der übergroße Pyjama gereicht wird. Die *raksaa thaang nuad* (auch: *nuat phaen boran*) ist eine immerhin 2500 Jahre alte Tradition – ohne Öl. Es geht bei der klassischen (!) Thai-Massage vor allem darum, die wichtigen Meridiane durch Dehnen, Drücken und Strecken zu stimulieren. Dabei kommen Ellbogen, Knie und selbst die Füße der Masseure zum Einsatz. Die Thais nennen es scherzhaft: „Yoga für Faule". (Wichtig: Beachte die Hinweise auf S. 138.)

ZU SCHARF ZUM ESSEN: THAI-CURRYS

Die thailändischen Gerichte gehören zweifellos zu den schärfsten und leckersten der Welt. Wie schade, dass viele Traveller immer nur Bratreis oder Bratnudeln *(phad thai)* essen – aus Angst vor den explosiv-scharfen Thai-Currys. Es müssen ja nicht gleich am ersten Tag Rachenputzer wie das grüne Curry oder der höllische *som tam*-Salat sein! Und sogar unter den Currys gibt es ganz milde Varianten wie *gaeng massaman* (mit Kardamom), das den Gaumen lediglich kitzelt, oder das gelbe *gaeng gari* (mit Süßkartoffeln).

WO DER SPASS AUFHÖRT

Thailand ist bekanntlich ein beliebtes Ziel für Sextouristen aus aller Welt – ein Riesengeschäft, in dem unzählige als Go-go-Bars, Karaokeclubs und Massagesalons getarnte Bordelle mitmischen. Man glaubt es kaum, aber offiziell ist Prostitution in Thailand verboten, sofern sie „offen und schamlos" dargeboten wird – und wenn Kinder betroffen sind! Die jahrzehntelang herrschende Doppelmoral hin oder her, schon 1996 haben die Thais per Gesetz dem Missbrauch von Kindern den Kampf angesagt: Wer sich an Kindern und Jugendlichen unter 18 Jahren vergreift, muss mit drei bis 20 Jahren Haft und mit der Strafverfolgung in Deutschland rechnen.

GEISTER IM HÄUSCHEN

Auch wenn sie noch so gläubige Buddhisten sind, die Welt der Thais ist voller *phii*, Geister. Damit diese nicht Unheil stiftend umherirren, müssen die Menschen ihnen Häuser bauen – klein und schlicht wie ein Vogelhäuschen oder prächtig wie ein Tempel. Und jeden Morgen gibt es Geschenke für die unsichtbaren Nachbarn: Blumen, Reis, ein Getränk und an wichtigen Tagen auch schon mal ein gebratenes Hähnchen. Und es wirkt, garantiert! So wie beim berühmten ▐ *Erawan Shrine* in Bangkok, der in den 1950er-Jahren beim Bau des Erawan-Hotels (heute Grand Hyatt Erawan) errichtet wurde, nachdem es viele Todesfälle unter den Arbeitern gegeben hatte.

SCHMETTERLINGE

Immer für eine Überraschung gut sind die auffällig vielen *kathoey*. Die hübschesten *ladyboys* (auch: *butterflies*) des Landes treten in prachtvoll

Danksagung für erfüllte Bitten: Tänzerinnen am Erawan Shrine in Bangkok

SO TICKT THAILAND

inszenierten Travestieshows in den Touristenorten auf – lange Haarpracht, lange Beine, lange Wimpern, oft nur zu erkennen an einer auffallend üppigen Oberweite und dem Adamsapfel. Als nicht selten schrille Paradiesvögel stehen sie Pose in den einschlägigen Barvierteln und verlangen Geld fürs Foto, und das nicht zu knapp. Viele andere der rund 230 000 thailändischen Transvestiten und Transsexuellen verdienen ihren Lebensunterhalt mittlerweile auch in ganz alltäglichen Berufen wie Schuh- oder Parfumverkäuferin, Stewardess oder Buchhalterin – und selbst beim Militär dürfen die „Schwestern" dienen.

Schmetterlinge: So werden in Thailand die „Ladyboys" genannt

THAILAND KUNTERBUNT

Thailand ist ein Schmelztiegel vieler Völker und Stämme, die sich im Lauf der Jahrhunderte hier angesiedelt haben: rund 69 Mio. Menschen. Ein Viertel davon sind eingewandert aus den ärmeren Nachbarländern, wie die Khmer aus Kambodscha, Laoten aus Laos, Shan und Mon aus Myanmar, die Vietnamesen und nicht zu vergessen im tiefen Süden die Muslime aus Malaysia und die zahlreichen chinesischen Vorfahren der ethnischen Thais.

Besonders farbenprächtig kommen noch heute die *chao kao,* die Bergvölker, daher: mehr als eine halbe Million Stammesangehörige. Sehr fotogen in ihren Trachten präsentieren sich die Frauen der Akha, Lisu, Lahu und Meo (auch: Hmong). Schenken kann man sich den Besuch bei den Padaung in den Dörfern der „Langhals-" oder „Giraffenhalsfrauen", deren Hälse mit Messingringen in unnatürliche Längen gestreckt werden.

VERWIRRENDE WÖRTER

Bist du ein *falang* oder ein *farang?* Wie schreibt man sie, diese Bezeichnung der Thais für alle Ausländer, die vielleicht eine Verballhornung des englischen *foreigner* ist? Machst du Urlaub auf Ko Samui oder auf Koh Samui? *Ko(h)* bedeutet Insel, aber warum gibt es zwei Schreibweisen? Und warum wird Strand *hat, had* oder *haad* geschrieben? Eine klare Antwort gibt es nicht. Die Thai-Schrift ist für Fremde ein Buch mit sieben Siegeln, verfasst in zwar anmutigen, aber nicht entzifferbaren Schnörkeln. Und es gibt keine verbindliche Regel, wie man diese in lateinische Buchstaben überträgt.

Feinste Handarbeit als Souvenir: Papierschirme aus Chiang Mai

ESSEN & TRINKEN

Die thailändische Küche ist eine der weltbesten: oft scharf, aber immer leicht, unverwechselbar, aber auch von den Nachbarn China, Indien und Malaysia kulinarisch beeinflusst. Und zum Nachtisch wartet stets ein himmlischer Früchtereigen.

GUTES AUS DER SUPPENKÜCHE

Der Tag in Thailand beginnt mit einer gut gewürzten Reissuppe *(khao tom)* oder einem Thai-Omelett *(khai jeaw)*. Und so dampft und brutzelt es den ganzen Tag an jeder Ecke. Fliegende Händler verkaufen gegrillten Tintenfisch, Fleischspießchen oder auf Eis gekühltes Obst. Fahrbare Garküchen parken am Straßenrand, ein paar Hocker und Tischchen stehen auf dem Gehsteig, und fertig ist das Open-Air-Restaurant.

Überm fauchenden Gaskocher oder über Holzkohle zaubern die Garköchinnen im Handumdrehen ein köstliches Essen: Nudelsuppe mit Huhn oder Ente, gebratenen Reis mit Krabben, ein Omelett mit Muscheln oder Pfannkuchen mit Ananasstückchen. Das Gemüse – wie die kugelrunden Thai-Auberginen, Bambusschoten, Paprika oder Bohnen – wird nur kurz gegart, es bleibt dadurch knackig und behält seine Vitamine. Viele Gewürze und Kräuter geben den Speisen den besonderen Pfiff, z. B. Koriander, Zitronengras und -blätter, Thai-Ingwer *(galanga)* und Thai-Basilikum, Tamarinde, Minze, Curry und Garnelenpaste. Nicht zu vergessen: Knoblauch und Chili. Wer als Hausfrau und Köchin etwas auf sich hält, stellt die alles entscheidende ⚑ Currypaste noch selbst im Mörser her – mit dem Drei-Kilo-Stößel eine schweißtreibende Arbeit!

RICHTIG SPEISEN

Nur die gehobenen Restaurants halten sich an feste Zeiten für Mittag-

Ein klassisches Thai-Gericht ist die Garnelensuppe *tom yam gung* (Foto li.)

(etwa 11.30 bis 14 Uhr) und Abendessen (etwa 18 bis 22 Uhr). Viele Lokale und Garküchen an den Straßen der großen Städte und Touristenorte tischen bis spät in die Nacht für ihre Gäste auf. Sofern nicht anders angegeben, haben die in diesem Reiseführer genannten Restaurants täglich geöffnet.

Thai-Gerichte kommen in mundgerechten Stücken auf den Teller oder werden mit Löffel (rechte Hand) und Gabel ganz leicht zerteilt. Die Gabel dient nur dazu, den Bissen auf den Löffel zu schieben. Lediglich bei Nudelgerichten und Suppen kommen Essstäbchen (und Löffel) zum Einsatz. Ein typisches Thai-Menü für eine größere Runde besteht aus Speisen in bis zu fünf Geschmacksrichtungen: bitter, süß, sauer, salzig und scharf. Dazu gehört ein großer Topf Reis. Jeder bedient sich selbst, wobei es egal ist, in welcher Reihenfolge die Speisen verzehrt werden. Normalerweise wird zunächst nur ein Gericht und Reis auf den Teller aufgetan. Erst wenn es aufgegessen ist, probiert man das nächste. So können sich die Geschmacksrichtungen nicht auf dem Teller vermischen. Übrigens: Die Suppe löffelt man ebenfalls mit Reis immer wieder mal zwischendurch, denn sie reinigt sozusagen die Geschmacksnerven zwischen den Speisen.

EIN BISSCHEN CHILI MUSS SEIN!

Thais verwenden Chili sehr großzügig, in Touristenlokalen jedoch sparsamer. Wer Thailand-Novize ist, bestellt sein Gericht vorsichtshalber *mai phet* (nicht scharf) – zur Not „löscht" ein Extralöffel Reis ganz gut (nicht Wasser!). Standardgerichte wie gebratener Reis, gebratene Nudeln (das berühmte *phat thai*) oder Nudelsuppen würzen die

INSIDER-TIPP
Zu scharfes Curry?

Gäste selbst: Auf jedem Tisch stehen dazu kleine Gefäße mit getrockneten und zermahlenen Chilischoten, Zucker (für die Nudelsuppe) und einer süßsauren Essigbrühe, in der frische Chilistückchen schwimmen. Anstelle von Salz gibt es *nam pla*, eine hellbraune Flüssigkeit aus fermentierten Fischen. Versetzt mit gehacktem Chili wird aus der Fischsauce *prik nam pla* – Vorsicht beim Dosieren!

Salat im deutschen Sinn gibt es in der Thai-Küche nicht. Ein typischer Thai-Salat *(yam)* ist eher schon ein eigenständiges Gericht und dient als beliebte Zwischenmahlzeit. Und: Er ist fast immer sehr, sehr scharf – z.B. der herzhafte *yam nüa*, ein säuerlicher Salat aus gebratenen Rindfleischstückchen, garniert mit Knoblauch, Koriander, Zwiebeln und zerstoßenen Chilischoten. Sehr beliebt ist auch *yam wunsen*, dessen wichtigste Zutat Glasnudeln sind. Oder zum Klebreis der berüchtigte, weil feurige *som tam* aus grünen (unreifen) Papayastreifen, Tomaten, grünen Bohnen, Erdnüssen, getrockneten Garnelen oder winzigen Flusskrebsen und: viiiiiel Chili!

SÜSS, SÜSSER, AM SÜSSESTEN

Thais lieben ihre *khanom*, Süßigkeiten, wobei die Betonung auf „süß" liegt. Die kleinen Kalorienbomben findest du in allen nur möglichen Formen und in allen Farben des Regenbogens an Ständen auf Festen, auf Märkten und bei Straßenhändlern.
🚩 Besonders populär sind Kokospfannkuchen, gegrillte Bananen und in Bananenblätter oder im Bambusrohr eingepackte Leckereien aus Klebreis, der in Kokosnussmilch gegart wurde – ideal als Snack für unterwegs.

VITAMINE EN MASSE

Thailand ist ein Paradies für feines Obst. Das ganze Jahr über gibt es die „drei Freunde": Papaya, Ananas und Wassermelone. Das weißgelbe Fruchtfleisch der *durian* oder Stinkfrucht ist unter der Stachelschale fast cremig weich – man wird entweder süchtig danach oder hat nach dem ersten Bissen für immer genug davon (je nach Reifegrad riecht sie mehr oder weniger streng). Die Mango *(mamuang)* schmeckt besonders gut mit konzentrierter Kokosmilch und Klebreis. Thais schätzen auch grüne, saure Mangostreifen, die sie in ein Zucker-Chili-Gemisch dippen. Unter der weinroten Schale der delikaten Mangostan *(mangkut)* verbirgt sich weißes, saftiges Fruchtfleisch, das süßlich und zugleich etwas säuerlich schmeckt. Auch die haarige Rambutan *(ngo)*, die feinen Litschis *(litschi)* oder die wie Glöckchen aussehenden roten Javaäpfel *(dschompu)* solltest du probieren.

DURSTLÖSCHER

Das Angebot an frisch gepressten Obstsäften ist auf Märkten ebenfalls sehr vielfältig. Trinkwasser *(nam plao)* aus Flaschen und Mineralwasser sind überall zu haben. Das beliebteste einheimische Bier ist *Chang*. Ebenfalls im Land gebraut: Heineken, Tiger und Singha. Die preiswerten „Whiskys" namens *Mekhong* und *Saeng Som* werden aus Zuckerrohr destilliert, man trinkt sie meist gemischt mit Sodawasser oder auch Sprite oder Cola.

ESSEN & TRINKEN

Unsere Empfehlung heute

Vorspeisen

PO PIAH
Thailändische Frühlingsrollen mit süß-scharfem Dip

TOD MAN PLA
Kleine frittierte Küchlein aus Fisch mit Erdnuss-Gurken-Dip

GUNG HOM PA
Garnelen im Teigmantel mit süßsaurer Essig-Chili-Sauce

Snacks

KUI TIAO
Nudelsuppe mit Ente *(pet)*, Schweinefleisch *(mu)* oder Huhn *(gai)*

PHAT THAI
Gebratene Reisnudeln mit Ei und Gemüse, wahlweise mit Krabben *(gung)*, Schweinefleisch *(mu)* oder Huhn *(gai)*

YAM WUNSEN
Glasnudelsalat mit Schweinehackfleisch, Garnelen, Kräutern und Chili

SOM TAM
Salat aus Papayastreifen, grünen Bohnen, Tomaten, Erdnüssen und getrockneten Garnelen, mit viel Chili

YAM NÜA
Sehr scharfer Salat mit Rindfleischscheiben, frischen Kräutern und gerösteten Reiskörnern

Hauptgerichte

TOM YAM GUNG
Säuerliche Garnelensuppe mit Zitronengras und viel Chili

TOM KHA GAI
Suppe mit Hühnchenfleisch in Kokosmilch und Chilischoten

GAENG KIAU WAN GAI
Grünes Curry mit Hühnchenfleisch und Auberginen, scharf und leicht süßlich *(wan)*

GAENG MASSAMAN
Rotes, leicht scharfes Curry mit Rindfleischstückchen und Kardamom, Erdnüssen und Süßkartoffeln

Desserts

KHAO NIAU MAMUANG
Klebreis mit Mango in süßer Kokosmilch

KLUAI BUAT CHI
Bananen in Kokosmilch, süßlich und etwas salzig

SHOPPEN & STÖBERN

Ob Perlen oder Parfum, maßgeschneiderte Kleidung oder modische Accessoires: In Thailand macht Shopping Spaß. Umso mehr bei den Straßenhändlern, wo Feilschen oberste Pflicht ist – bloß nicht verbissen rangehen: Mit einem Witz oder Lächeln verhandelt es sich viel besser. Und dann klappt's auch mit dem Rabatt.

ANTIKES – ALT UND NEU
Ohne Genehmigung des *Fine Arts Department (Tel. 0 22 25 26 25)* in Bangkok dürfen Antiquitäten und Buddhafiguren, selbst aus neuester Produktion, nicht ausgeführt werden. Seriöse Händler besorgen das Papier für ihre Kunden. Die Ausfuhr historischer Buddhastatuen ist generell verboten. Echte Thai-Antiquitäten sind sehr selten. Eine ganze Industrie lebt davon, Neues antik aussehen zu lassen.

ALLES, WAS GLÄNZT
Kauf niemals Juwelen von fliegenden Händlern und lass dich nicht von Schleppern in ein Geschäft lotsen! Edelsteinbetrüger, die mit dubiosen Juwelieren zusammenarbeiten, lauern insbesondere vor den Sehenswürdigkeiten in Bangkok. Goldschmuck zu 23 Karat gibt es in speziellen Geschäften, die an der roten Innenausstattung zu erkennen sind. Der Preis richtet sich nach dem aktuellen Goldkurs plus ca. 10 Prozent für die Verarbeitung. Die thailändischen Zuchtperlen stammen aus dem Meer vor der Insel Phuket im Süden des Landes. Man kann die Farmen besuchen, wo die Kostbarkeiten in Muscheln wachsen.

KAUFRAUSCH NACH MASS
Beim Schneider sollte man mindestens eine, besser zwei Anproben vereinbaren und, falls nötig, auf Ände-

Einkaufstasche schnappen und los: Thailand hat das volle Shoppingprogramm

rungen bestehen. Eine Anzahlung ist üblich, aber die ganze Summe solltest du erst begleichen, wenn alles zu deiner Zufriedenheit ausgeführt ist. Da thailändische Seide von Hand gewebt wird, ist sie übrigens niemals vollkommen glatt, sondern mit kleinen Knötchen durchsetzt. In den gigantischen Shoppingcentern ist der Kaufrausch vorprogrammiert. Hier locken Mode und Accessoires, auch einheimische Fashiondesigner sorgen mit ihren Kreationen immer mehr für Furore. Das mit Abstand beste Einkaufsziel für modischen Chic ist Bangkok.

FAKED IN THAILAND

Ob Rolex oder Gucci – in Thailand wird alles als Fälschung angeboten, was teuer ist und einen Namen hat. Vor Ort bekommen Käufer keinen Ärger mit der Polizei, aber der heimische Zoll schlägt zu, wenn die Zahl der gefälschten Markenprodukte über den Eigenbedarf (ein Stück!) hinausgeht.

WUNDERBARE WELT DER DÜFTE

Einfach der Nase nach! In den Kaufhäusern sind die Kosmetikabteilungen zumeist im Erdgeschoss angesiedelt, und zwar oft auf der gesamten Grundfläche. Thailänderinnen lieben Parfums, Cremes und Co. Entsprechend riesig ist das Angebot an Kosmetika.

ZUM AUF-DER-PALME-GEHEN

Unglaublich, was sich alles aus der Kokospalme und der Kokosnussschale machen lässt! Witzige Figuren für die Kids, hübsche, perlmuttglasierte Dekoschalen mit Thai-Motiven, Massagestäbe, Handtaschen und sogar Hauslatschen – auch die mit dem gesunden, weil stimulierenden Kügelchenfußbett, zu kaufen z. B. im Shop des *Coconut Museum* (s. S. 114) auf Ko Samui.

SPORT

Thailand bietet jedem das Passende, um sich ordentlich auszutoben. Ist dir am Strand liegen zu langweilig? Dann tauch doch unter oder geh klettern. Wer Entspannung sucht, kann beim Yoga die Gedanken ruhen lassen.

BALLONFAHREN
In Thailand in den Himmel zu kommen, ist mit dem Heißluftballon kein Problem. Infos gibt's unter *balloon adventurethailand.com/index*.

FUNSPORT
Schwer angesagt sind Funsportarten wie Bananenboot, Paragliding und Paramotorflüge, Wake- und Flyboarding und Canopy-Seilbahnen. Eine Warnung: An der Zipline, beim Segelfliegen über dem Meer und beim Jetskifahren kommt es immer wieder zu tödlichen Unfällen, und die Jetski-Mafia ist für ihre Abzocke berüchtigt. Wie wäre es also zur Abwechslung mit zu 100 Prozent adrenalinfreiem Spaß? Etwa Surfen und Windsurfen, wie in Omas Zeiten, Beach Boys und so. Thailand ist zwar nicht Hawaii oder Kalifornien, aber irgendwo müssen die Kids ja anfangen zu üben. Und wo Wind und Wellen ganz sanft aufeinandertreffen, da freuen sich die Wellenreiterpioniere, auch und gerade in Thailand.

GOLF
Golfplätze gibt es überall im Land. Topdestinationen sind Pattaya mit rund einem Dutzend Plätzen und Phuket mit sieben Plätzen von internationalem Standard. Auch in Bangkok, Kanchanaburi, Chiang Mai, Hua Hin, beim Khao-Yai-Nationalpark und auf Ko Samui kann man das Eisen schwingen. Die Tourism Authority of Thailand in Frankfurt bietet eine Golfbroschüre an. *golforient.com*

Ausflug unter Wasser: Eintauchen in die Welt der Korallenriffe

KLETTERN

In den Kalksteinklippen an den Stränden von Railay und Ton Sai in Krabi sowie auf Ko Phi Phi hangeln Kletterer aus aller Welt und werden mit spektakulären Aussichten auf Küste und Meer belohnt. Auch bei Chiang Mai geht's in die steile Wand. Schnupperkurs 20–30 Euro. *thailandclimbing. com | Facebook: @realrocksclimbing*

PFERDETREKKING

Boris Mimietz und sein fürsorgliches Team von der *Thai Horse Farm (Phrao | 100 km nördlich von Chiang Mai | Mobiltel. 08 69 19 38 46 | thaihorsefarm. com)* unternehmen mit ihren Gästen Ausritte auf asiatischen Bergpferden durch den *Sri-Lanna-Nationalpark*. Die Touren in kleinen Gruppen sind auch für Anfänger geeignet und versprechen stressfreies Abenteuer abseits der Touristenpfade. Für eine eintägige Tour inklusive Verpflegung und Transfer ab Chiang Mai sowie aller Ausrüstung zahlt man ca. 130 Euro, vier Tage mit Vollpension kosten 660 Euro.

SCHLAUCHBOOTRAFTING

Abenteuerlich geht es durch den *Dschungel von Umphang,* 170 km südlich von Mae Sot im Grenzgebiet zu Myanmar, der als der ursprünglichste in Thailand gilt. Durch die Wildnis windet sich der Mae Klong mal gemächlich, mal schäumend, bis er schließlich in den mehrstufigen *Thi Lo Su* mündet, den größten Wasserfall Thailands. Mehrere Veranstalter in Mae Sot und Umphang, z. B. das *Thee Lor Su Riverside (Mobiltel. 08 98 32 14 55 | theelorsu riverside.com),* bieten Touren an. Die Anfahrt ist eines der letzten echten Offroadabenteuer in Thailand – bei Redaktionsschluss war eine Asphalt-

INSIDER-TIPP
Dschungelpisten und Stromschnellen

straße schon im Bau. Eine viertägige Tour (mindestens zwei Teilnehmer) kostet ca. 300 Euro pro Person, ab Umphang ca. 75 Euro. Auch in der Umgebung von Pai starten von Juni bis Januar abenteuerliche Raftingtouren auf dem *Pai River.*

SEEKANUTOUREN

Besonders die Bucht von Phang Nga mit ihren Kalksteinfelsen ist ein traumhaft schönes Kanurevier. Tagestrips von Phuket aus kosten ab ca. 100 Euro, dreitägige Touren mit Übernachtung auf dem Begleitboot oder in Zelten an Stränden ca. 700–1400 Euro, z. B. bei *John Gray's Sea Canoe (Tel. 076254505 | johngray-seacanoe.com).* Ko-Samui-Urlauber können z. B. mit *Blue Stars Sea Kayaking (Tel. 077300615 | bluestars.info)* durch die Inselwelt des Meeresnationalparks Ang Thong paddeln. Buchungen sind auch über Reisebüros vor Ort möglich.

SEGELN

Die Inselwelt der Andaman-See ist ein Dorado für Segelsportler. Aber auch im Golf von Thailand (Pattaya, Ko Chang, Ko Samui) kannst du in See stechen – die Liste der Yachtverleiher ist fast endlos. *yachtcharterthailand.com*

TAUCHEN

Die besten Tauchreviere liegen in der Andaman-See in den Gewässern um Phuket und Khao Lak. Die unbewohnten ★ *Similan-Inseln* 50 km westlich von Khao Lak gehören weltweit zu den Topdestinationen. Doch auch rund um die Phi-Phi-Inseln und entlang der Küste bis zur malaysischen Grenze wartet eine bunte Unterwasserwelt auf Taucher.

Bestes Tauchziel im Golf von Thailand ist die kleine Insel *Ko Tao* nördlich von Ko Samui mit ihren Walhaien und Meeresschildkröten. In den vergangenen Jahren hat es hier jedoch mehrere ungeklärte Todesfälle von jungen Touristen gegeben. Vielleicht sollte man dem überlaufenen Eiland eine Pause vom Tourismus gönnen.

Tauchbasen gibt es auch in Pattaya und auf Ko Chang. Eine eintägige Ausfahrt mit zwei Tauchgängen kostet ca. 80 Euro, ein drei- bis viertägiger Grundkurs ab 200 Euro. Links zu Tauchbasen finden sich in den Regionenkapiteln oder auf *tauchbasen.net,* wo man gezielt nach Orten suchen kann.

TREKKING

Drei Tage ohne Facebook, Heißwasser oder Föhn – schaffst du das? Dann pack schon mal die Trekkingboots ein! Bergwandern durch die Wälder des Nordens ist ein großartiges Naturerlebnis. Aber mehr noch interessiert viele die Begegnung mit Bergvölkern, die in abgelegenen Dörfern an ihren alten Traditionen festhalten. Beste Wandersaison ist ab November bis Februar (nachts kann es kalt werden!), und das Zentrum des Trekkingtourismus ist Chiang Mai. Allerdings muss man von dort aus erst ein paar Stunden Anfahrt über sich ergehen lassen, bevor man wirklich in den Bergen ist. Wer zum ★ Trekking in Pai oder in Mae Hong Son aufbricht, ist schon mitten in der Bergwelt. Die meisten Touren beinhalten einen Elefantenritt und Rafting auf

SPORT

Bambusflößen. Eine dreitägige Tour kostet bei sechs Teilnehmern ab ca. 50 Euro pro Person; bei gehobenen Agenturen ist dies der Preis für einen Tag. Man sollte nur Agenturen auswählen, die bei der Tourist Authority of Thailand registriert sind und deren Guides auch die Sprache der besuchten Bergstämme sprechen (wenigstens eine, also von dort, wo übernachtet wird), sonst bleibt man Zaungast und erfährt wenig über die gelebten Traditionen. *thainationalparks.com*

YOGA & MEDITATION

Mach Ferien für Körper und Seele: Yoga und Meditation werden in vielen Retreats angeboten. Besonders die Insel Ko Phangan entwickelt sich immer mehr zum spirituellen und „heilenden" Zentrum derer, die ihr inneres Selbst finden wollen. Adressen und Links findest du auf *thaiwebsites.com*.

Im *International Dharma Heritage Center Suan Mokkh (suanmokkh-idh.org | suanmokkh.org)* in Südthailand senkt sich über die Teilnehmer eines Retreats für elf lange Tage das Schweigen. Ein Meditationskloster als „cooles" Reiseziel? Folgendes sollte man wissen: Hier trägt man (weiße) körperbedeckende Kleidung, keine Trägerhemdchen. Rauchen und Drogen sind tabu, ebenso Sprechen, Lesen, Schreiben, Sex und die Gedanken daran, auch Musik, Tanzen, Joggen, Schminken. Wenig Schlaf: um 4 Uhr morgens erste gemeinsame Meditation. Wenig Essen: um 12 Uhr die letzte, vegetarische Mahlzeit! Man schläft spartanisch wie schon Buddha: auf einem Betonblock mit Kopfstütze aus Holz und einer Bastmatte. Das ganze Leben ist Leiden, verkündet die buddhistische Lehre, und der britische Mönch erklärt den urlaubenden Laien: „Dieser Retreat ist nicht dazu da, happy zu werden, sorry."

Auf Trekkingtour bei Mae Hong Son

DIE REGIONEN IM ÜBERBLICK

Unterwegs in der Heimat der Bergvölker

DER NORDEN S. 56

Chiang Mai

MYANMAR

ZENTRALTHAILAND S. 38

BANGKOK

Chao Phraya

Irrawadi

Alte Königsstädte und eine Weltmetropole erleben

Andaman Sea

DER SÜDEN S. 96

Surat Thani

Phuket

Urlaubsparadiese: Strände, Tauchreviere, Dschungel

INDONESIA

200 km
124.28 mi

DER NORDOSTEN S. 70

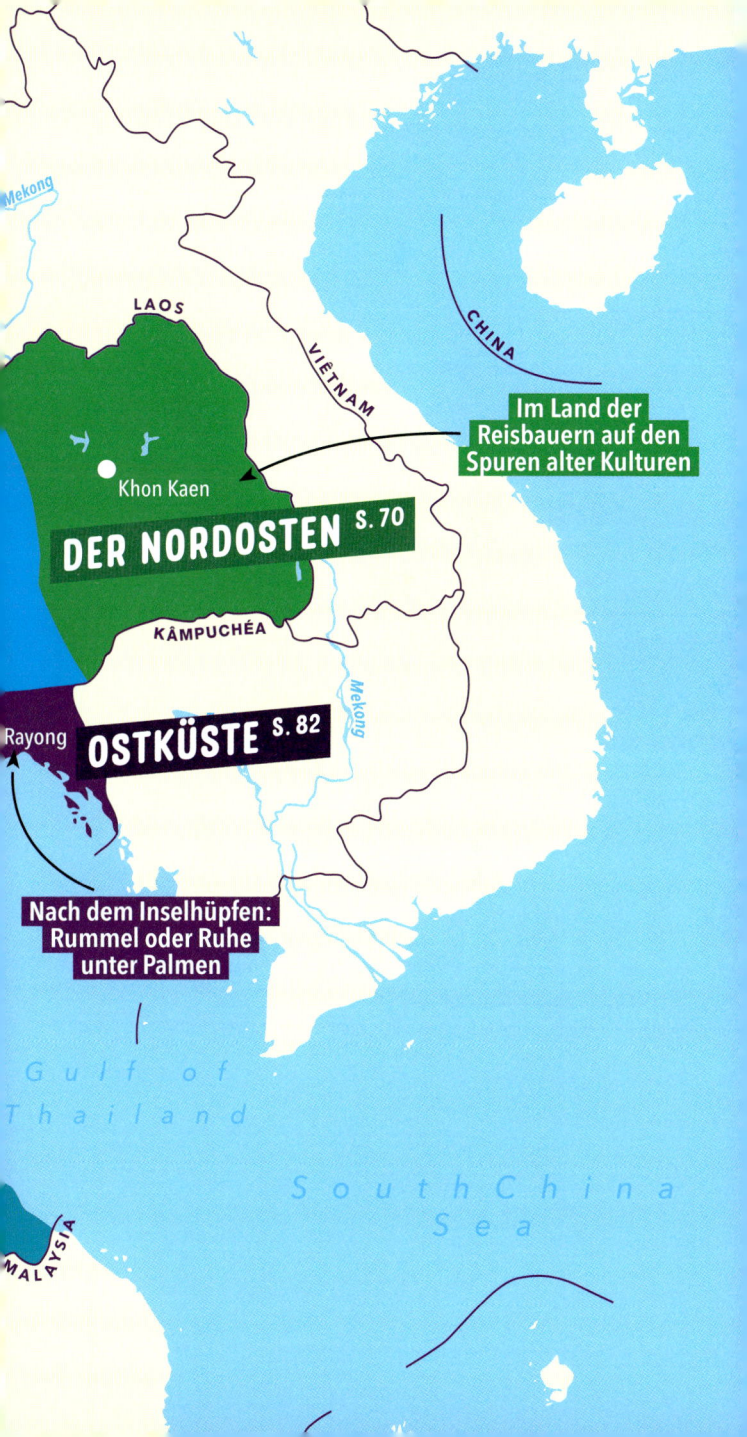

Im Land der Reisbauern auf den Spuren alter Kulturen

Khon Kaen

LAOS · VIETNAM · CHINA · KÂMPUCHÉA

OSTKÜSTE S. 82

Rayong

Nach dem Inselhüpfen: Rummel oder Ruhe unter Palmen

Mekong

Gulf of Thailand

South China Sea

MALAYSIA

ZENTRAL-THAILAND

URALT & ULTRAMODERN

Das Wasser des Chao Phraya macht die Ebene nördlich von Bangkok zur wichtigsten Reiskammer des Landes. Die Felder leuchten goldgelb oder saftig grün, je nach Jahreszeit.

In Sukhothai, wo geografisch schon der Norden beginnt, schlug 1238 mit der Gründung der ersten Hauptstadt die Geburtsstunde der Nation. Ein Jahrhundert später begann der Aufstieg der zweiten Königsstadt Ayutthaya. Beide mussten die Wahrheit der Lehre Buddhas erfahren: „Nichts ist von Bestand auf dieser Erde." Heute stehen hier die Ruinen

Zum Himmel empor: Wat Phra Kaeo im Königspalast in Bangkok

als Zeugen und Wächter einer großartigen Vergangenheit. Die moderne Hauptstadt Bangkok ist eine Weltmetropole. Aber nur zwei Stunden westlich, in der Provinz Kanchanaburi, erwartet dich eine völlig andere Szenerie: Nach einer Fahrt vorbei an Feldern und Ödland erheben sich dschungelbedeckte Berge. Nahe der Grenze zu Myanmar ist das Land rau, wild und spärlich besiedelt. Dennoch reist man auch dort wie durch ein Kapitel im Geschichtsbuch: Die berühmte Brücke am Kwai und die „Todeseisenbahn" erinnern an den Zweiten Weltkrieg.

ZENTRALTHAILAND

3 Sangklaburi ★

ทองผาภูมิ
Thong Pha Phum

ประเทศไทย
THAILAND

MARCO POLO HIGHLIGHTS

★ **KÖNIGSPALAST UND WAT PHRA KAEO**
Die majestätische Anlage im alten Bangkok ist ein absolutes Muss ➤ S. 42

★ **CHATUCHAK WEEKEND MARKET**
Auf diesem (Floh-)Markt der Superlative gibt es einfach alles ➤ S. 46

★ **AYUTTHAYA**
Die Ruinen der Königsstadt behaupten sich als steinerne Zeitzeugen seit mehr als 600 Jahren ➤ S. 49

★ **TODESEISENBAHN**
Auf der berüchtigten Bahnstrecke von der weltberühmten Brücke am Kwai bis zur Endstation Nam Tok ➤ S. 51

★ **SANGKLABURI**
Entdeckungstour zum Drei-Pagoden-Pass im wilden Grenzland ➤ S. 53

★ **ALT-SUKHOTHAI**
Sukhothai war die erste Thai-Hauptstadt. Heute erinnern würdevolle Ruinen an die glorreiche Vergangenheit ➤ S. 54

ไทรโยค
Sai Yok

2 Erawan-Wasserfälle

กาญจนบุรี
Kanchanaburi
S. 50

Todeseisenbahn ★

ภาคกลาง
ZENTRALTHAILAND

MYANMAR

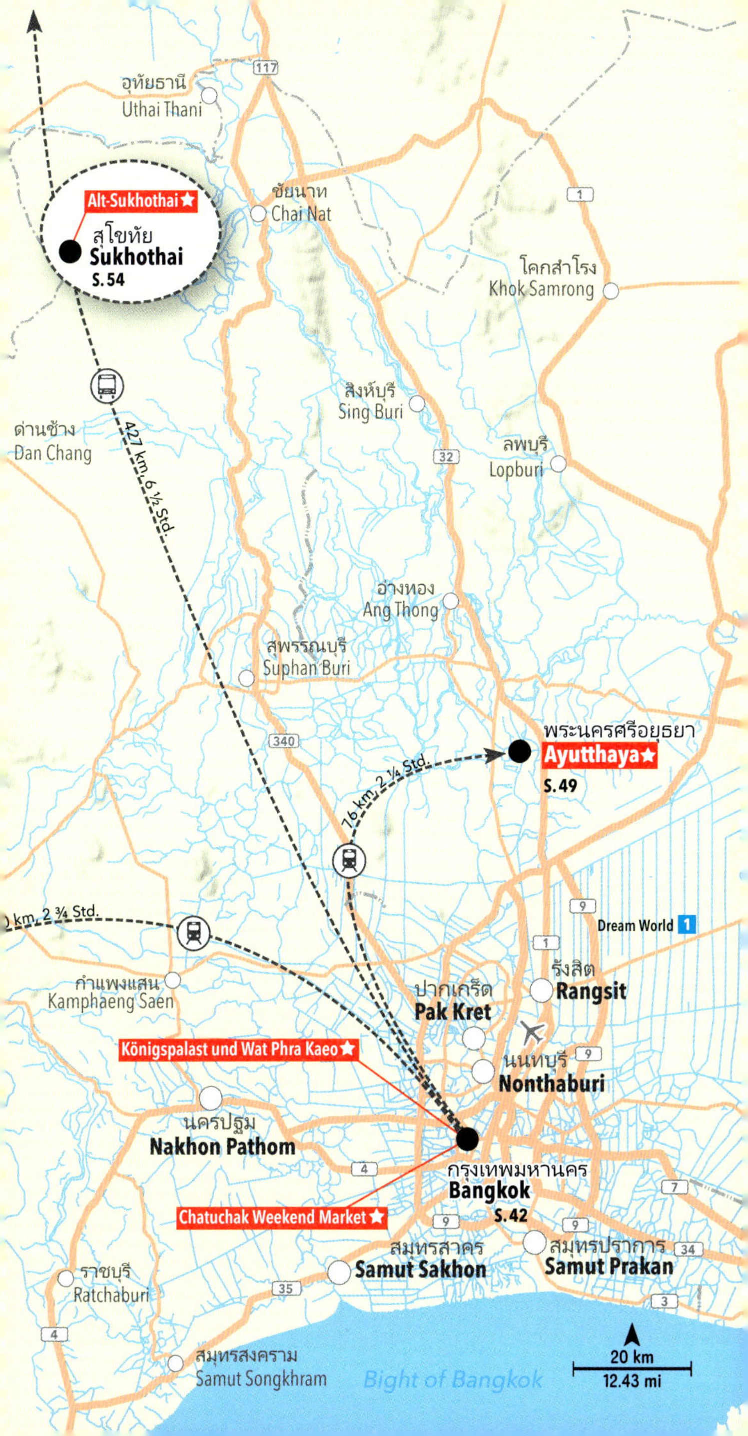
117
อุทัยธานี
Uthai Thani
ชัยนาท
Chai Nat
Alt-Sukhothai
สุโขทัย
Sukhothai
S. 54
1
โคกสำโรง
Khok Samrong
สิงห์บุรี
Sing Buri
ด่านช้าง
Dan Chang
427 km, 6 ½ Std.
32
ลพบุรี
Lopburi
อ่างทอง
Ang Thong
สุพรรณบุรี
Suphan Buri
340
พระนครศรีอยุธยา
Ayutthaya
S. 49
76 km, 2 ¼ Std.
km, 2 ¾ Std.
9
Dream World 1
1
รังสิต
Rangsit
กำแพงแสน
Kamphaeng Saen
ปากเกร็ด
Pak Kret
Königspalast und Wat Phra Kaeo
9
นนทบุรี
Nonthaburi
นครปฐม
Nakhon Pathom
4
กรุงเทพมหานคร
Bangkok
S. 42
7
Chatuchak Weekend Market
9
9
สมุทรสาคร
Samut Sakhon
สมุทรปราการ
Samut Prakan
34
ราชบุรี
Ratchaburi
35
3
4
สมุทรสงคราม
Samut Songkhram
Bight of Bangkok
20 km
12.43 mi

BANGKOK

(D9) **Auch wenn sich im internationalen Sprachgebrauch „Bangkok" durchgesetzt hat, nennen die Thais ihre Hauptstadt (ca. 11 Mio. Ew.) bei ihrem schöneren Namen: Krung Thep, „Stadt der Engel".**

Nirgendwo sonst in Thailand ist der Wandel vom traditionsreichen Siam zur Boomtown und Trendmetropole so atemberaubend – im wahrsten Sinn: zwischen Hochhausschluchten und Dauerstau, Abgas- und Weihrauchschwaden, Edelherbergen und Suppenküche, Mikrochip und Geisterhäuschen.

Am schnellsten, bequemsten und billigsten geht es mit der Hochbahn Skytrain (BTS) durch die Stadt, außerdem mit zwei U-Bahn-Linien (MRT), etwa vom Hauptbahnhof über Silom und Sukhumvit Road und zum Chatuchak Weekend Market. Der günstige *Day Pass* gilt einen ganzen Tag und kostet 140 Baht. Die blauen *Chao Phraya Tourist Boats (tgl. 9–18 Uhr | Hop-on-Hop-off-Tagesticket (8.30–17.30 Uhr) 150 Baht | chaophrayatouristboat.com)* gondeln auf dem Fluss an vielen Sehenswürdigkeiten vorbei, außerdem gibt es diverse Fähren und Expressboote *(tgl. 6–19 Uhr | ab 30 bzw. 50 Baht | chaophrayaexpressboat.com).*

Ausführliche Informationen findest du im MARCO POLO Reiseführer „Bangkok".

SIGHTSEEING

KÖNIGSPALAST UND WAT PHRA KAEO ★

Der *Königspalast* mit dem *Tempel des Smaragdbuddhas* ist die berühmteste Sehenswürdigkeit in ganz Thailand. Die Bauten hinter weiß getünchten Mauern, gekrönt von filigranen und

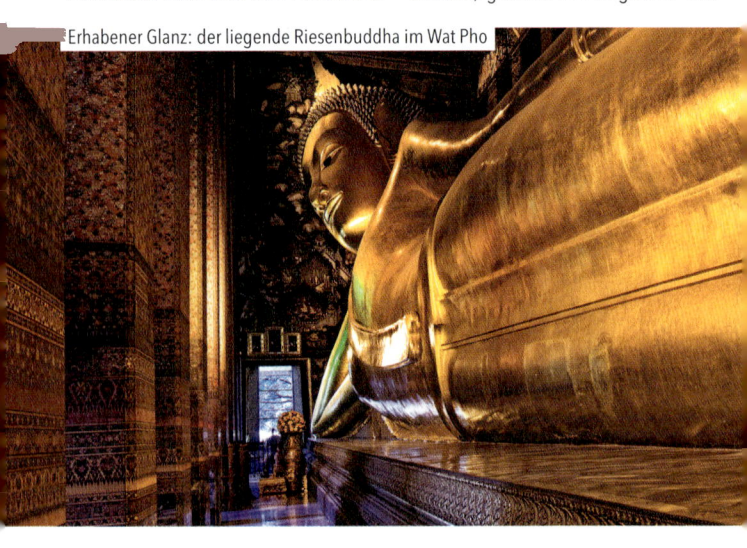

Erhabener Glanz: der liegende Riesenbuddha im Wat Pho

ZENTRALTHAILAND

goldglänzenden spitzen Türmchen, sind von märchenhafter Anmut. Dämonen und Fabelwesen bewachen die Anlage. Prächtige Wandmalereien künden vom einstigen Leben am Hof und vom Leben Buddhas. Der sogenannte Smaragdbuddha im Königlichen Tempel ist zwar aus Jade und nur 66 cm hoch, gilt aber als nationales Heiligtum. Zutritt haben Besucher nur in gepflegter Kleidung, auch bedeckt sein müssen Schultern, Oberarme, Knie und Füße. Sonst gibt's ein meist voluminöses textiles Ersatzteil zur Ausleihe – also nicht wirklich fotogen … *Tgl. 8.30–15.30 Uhr | Eintritt vor Ort 500 Baht, Onlinetickets nur bis 24 Std. vorher | Na Phra Lan Road | royalgrand palace.th | ⏱ 1–3 Std. |* 🗺 *a3–4*

WOHIN ZUERST?

Sanam Luang (🗺 *a3*)**:** Die große Freifläche ist ein perfekter Startpunkt für die Erkundung des historischen Zentrums. Königspalast, Wat Pho und Museum of Siam sind nur ein paar Schritte entfernt, zum Altstadtviertel Banglamphoo sind es nur wenige Gehminuten. Der Sanam Luang (Königlicher Platz) wird von den Buslinien 25, 507 und 508 angefahren. Die nächstgelegenen Nahverkehrsstationen: U-Bahn Hua Lamphong, Skytrain National Stadium.

WAT PHO

Die älteste Universität des Landes wurde 1789 im südlich des Königspalasts gelegenen Tempel begründet. Die Anlage beherbergt einen 46 m langen, vergoldeten liegenden Buddha. Achte besonders auf die Perlmuttintarsien in den Fußsohlen der Statue, die buddhistische Symbole wie den Lotos und das Rad der Lehre zeigen. Neue Energie tanken kann man im Wat Pho übrigens auch: bei einer traditionellen Thai-Massage (s. S. 48). *Tgl. 8–18.30 Uhr | Eintritt 200 Baht | Eingänge Thai Wang Road und Chetuphon Road | ca. 10 Min. zu Fuß von MRT Sanam Chai Road | wat pho.com | ⏱ 1–2 Std. |* 🗺 *a4*

MUSEUM OF SIAM ☂

Hier heißt es: anfassen, fühlen, hören, sehen. Wer wissen will, was *thainess*, also typisch thai ist, und sich schon immer mal wie eine echte Königin verkleiden wollte: Hier gibt es das Hoheits-Selfie. Mit viel Spaß führt die

INSIDER-TIPP
Von wegen langweilige Museen!

multimediale Ausstellung auf zwei Etagen von den Anfängen Siams bis zum Lifestyle der Gegenwart. *Di–So 10–18 Uhr | Eintritt 200 Baht,* 👁 *nach 16 Uhr frei | Sanam Chai Road (MRT) |* ⏱ *1 Std. |* 📖 *a4*

WAT ARUN

Einfach märchenhaft! Der „Tempel der Morgenröte" ist mit seinem 67 m hohen, reich mit Porzellan und buntem Glas verzierten Prang, dem höchsten Tempelturm Thailands, ein Wahrzeichen Bangkoks und ein wahrer Touristenmagnet. Trotzdem behaupten sich noch immer Tausende von Glöckchen und begleiten jeden deiner Schritte auf dem verwinkelten Gelände mit leisem Klingklang. *Tgl. 8–17.30 Uhr | Eintritt 100 Baht | im Stadtteil Thonburi | vom Tha-Thien-Pier nahe dem Wat Pho fahren ständig Boote über den Fluss |* ⏱ *30 Min. |* 📖 *a4*

KLONGS

Im Stadtteil Thonburi werden auch heute noch Güter und Menschen auf *klong* (Kanälen) transportiert. Touren auf den Wasserwegen bietet jedes Reisebüro an. Du kannst dich aber auch selbst im hartnäckigen Feilschen versuchen und ein Motorboot samt Steuermann chartern. Die Boote liegen am Chao-Phraya-Fluss (z. B. hinter dem Königspalast am Tha-Chang-Pier, am Sathon-Pier bei der Skytrain-Station Saphan Taksin oder beim Wat Arun) und kosten pro Stunde 1000–1400 Baht (je nach Verhandlungsgeschick, Saison und Laune des Kapitäns). 📖 *a–b 4–6*

ZENTRALTHAILAND

ESSEN & TRINKEN

CABBAGES & CONDOMS
In dem stimmungsvoll beleuchteten Gartenlokal mit leckerer Thai-Küche begrüßt dich zur Weihnachtszeit ein Weihnachtsmann – ganz aus Kondomen. Auch sonst dreht sich bei der Deko alles um Liebe und Verhütung, Blickfang sind mit farbigen Kondomen verzierte Phantasiefiguren. Sogar zur Rechnung gibt's ein Verhüterli. Das Lokal gehört einer Organisation, die sich für Geburtenkontrolle und Aidsprävention einsetzt. *10 Sukhumvit Road, Soi 12 | Tel. 0222946 10 | cabbagesandcondomsbkk.com | €€ | ⃞ f5*

PRACHAK
Stetes Kommen und Gehen herrscht in der Suppenküche. Traveller in Trekkingoutfit neben Thais in Firmenanzug oder -kostüm: Man speist gemeinsam, der eine den berühmten Bratreis oder knuspriges Schweinefleisch, der andere Ente in allen Variationen, am besten geröstet – die Spezialität hier, und das schon seit 1909. *1415 New Road Silom (südliche Charoen Krung Road nahe Lebua Hotel) | Bangrak | Tel. 0223437 55 | prachakrestaurant.com | € | ⃞ c6*

SALA RATTANAKOSIN
Was für eine Aussicht, wie aus Tausendundeiner Nacht! Das elegante Hotelrestaurant nahe dem Königspalast serviert wahre Gaumenfreuden der westlichen und Thai-Küche. Besonders romantisch: die Terrasse mit Blick auf den Fluss und den abends erleuchteten Wat Arun. Einen Tisch am Fenster oder auf der Terrasse sollte man rechtzeitig reservieren. *39 Maharat Road | Gasse hinter dem Wat Pho | Tel. 026221388 | salahospitality.com | €€€ | ⃞ a4*

INSIDER-TIPP: Traumhaft tafeln

SEVEN SPOONS
Schickes, unaufdringliches Ambiente, überaus freundlicher und kompetenter Service und exzellentes, mediterran beeinflusstes Essen mit asiatischen Einsprengseln zu sehr vernünftigen Preisen. Auch der Barkeeper versteht sein Geschäft. *22–24 Chakkrapatipong Road | Tel. 026299214 | sevenspoonsbkk.com | €€–€€€ | ⃞ b3*

SIROCCO, BREEZE, SKY BAR
Hier kommt feinste Garderobe zum Einsatz: Aufbrezeln lautet die Devise im *Sirocco*, einem der höchstgelegenen Open-Air-Restaurants der Welt (63. Stock, 220 m) – mit westlich-mediterraner Küche ein Höhepunkt in jeder Hinsicht, kulinarisch, optisch und auch preislich. Ist es ausgebucht, kannst du ins futuristische *Breeze* (52. Stock) ausweichen: Asiafood vom Feinsten, etwa saftiges Wagyu-Beef vom Holzkohlengrill. Für den Cocktail danach geht's in die berühmte *Sky Bar* oder ins *Alfresco 64* – die welthöchste Whiskybar, wo aber an manchen Abenden auch mal Schampus weggeht, Flaschen wohlgemerkt à 1500 Euro. Kein Einlass in Shorts, Turnschuhen und ähnlicher Freizeitkleidung. *Tgl. ab 18 Uhr, nur mit Reservierung | State Tower | 1055 Silom*

Road | Tel. 0 26 24 95 55 | lebua.com/sirocco | €€€ | ⌑ c6

SHOPPEN

Die Haupteinkaufsstraßen Bangkoks sind *Sukhumvit Road* (⌑ f4–5), *Silom Road* (⌑ c–d 5–6), *Ploenchit* (⌑ e4) und allen voran die *Rama I Road* (⌑ d–e4) rund um die Skytrain-Station Siam. Dort finden sich Boutiquen und Straßenhändler genauso wie gigantische Einkaufspaläste. Im ultraschicken Shoppingcenter ☂ *Siam Paragon* etwa ist das Angebot einfach umwerfend: Hier bekommt man alles, bis hin zum nagelneuen Lamborghini. Eine einzigartige Gegend mit besonderen Geschäften und Einkaufsgewühl ist Chinatown – schau zu jeder Tageszeit in der *Sampeng Lane* (⌑ b4) vorbei.

ASIATIQUE THE RIVERFRONT

Südlich der Taksin-Brücke wurden am Fluss mehrere alte Lagerhallen zu einem riesigen Nachtmarkt umgestaltet. Neben massig Geschäften, einigen guten Restaurants und einem Riesenrad *(Eintritt 400 Baht)* mit einem tollen Ausblick kannst du auch die populäre Travestieshow im *Calypso Cabaret (tgl. 19.30–21 Uhr | Eintritt 900–1500 Baht | Tel. 0 26 88 14 15 | calypsocabaret. com)* besuchen. *Tgl. 11–24 Uhr | 2194 Charoen Krung Road | asiatiquethailand.com | ⌑ 0*

CHATUCHAK WEEKEND MARKET ★ ☂

Auf über 35 ha Fläche drängen sich mehr als 10 000 Verkaufsstände zu einem der größten Märkte der Welt. Ob Gitarre oder Gürtel, T-Shirt oder Teekanne: Auf dem Chatuchak Weekend

Es gibt fast nichts, was es nicht gibt auf dem Chatuchak Weekend Market

ZENTRALTHAILAND

Market gibt es einfach alles. Ein Paradies zum Stöbern, das jedes Wochenende fast eine halbe Million Menschen anzieht. *Sa, So 6–18 Uhr | Paholyothin Road | bei der Skytrain-Station Mo Chit, U-Bahn Chatuchak Park | chatchak.org |* 📖 *0*

NEW TALAD ROD FAI
Altes, ganz modern: Immer mehr stilbewusste Thais decken sich auf Flohmärkten mit Vintageklamotten, Möbeln und Antiquitäten ein. Nicht nur, aber ganz besonders in Bangkok lassen sich viele Kuriositäten entdecken und das eine oder andere Schnäppchen machen – z. B. auf diesem „Eisenbahnmarkt" (Srinagarindra Train Market) begeistert Stand an Stand selbst Einkaufsmuffel, denn neben Vintage und Retro gibt's Livebands, Streetfood, Streetart und viele Fotomotive, etwa die alten Chevys. *Do–So 17–24 Uhr | Srinagarindra (Srinakarin), Soi 51 | weit im Osten der Stadt (Taxi ab Skytrain-/BTS-Station Punnawithi, 5 km) | Facebook: @taradrodfi |* 📖 *0*

SAMUI ART
Nicht vom Namen der Galerie irritieren lassen! Der Künstler Peeraya stammt von der Insel Ko Samui im Süden und produziert heute mit der ganzen Familie tolle populäre (Auftrags-)Gemälde, typische Thai-Motive wie Floating Market, Straßenszenen, Buddhistisches und Tierisches. Ein bisschen Folklore, ein bisschen Pop-Art, ein bisschen Copy-Art – und nicht ganz preiswert. *Mo–Sa 10–19 Uhr | 296/7-8 Silom Road | Bangrak | samuiartsilom.com |* 📖 *c6*

SIAM SQUARE
Hier eröffnet sich ein Gewirr von Gassen mit Shops voller Kleidung, Schuhe oder Accessoires. Viele junge thailändische Designer bieten ihre Kreationen an. Der mehrstöckige *Siam Square One (Facebook: @siamsquareone)* vereint Hunderte Geschäfte unter einem Dach. *Rama I Road | gegenüber dem Shoppingcenter Siam Paragon |* 📖 *d4*

INSIDER-TIPP
Im Klamottenrausch: en vogue à la thai

SPORT & SPASS

KOCHKURSE
Den Geheimnissen der Thai-Küche kommst du bei Kochkursen auf die Spur, z. B. im edlen 🦩 *Blue Elephant (*📖 *c6) (ab 3300 Baht | 233 Sathorn Tai Road | Tel. 02 6 73 93 55 | blueelephant.com)* oder in der *Baipai Thai Cookery School (*📖 *0) (2200 Baht | Kursteilnehmer werden abgeholt | Tel. 02 561 14 04 | baipai.com).*

CHILDREN'S DISCOVERY MUSEUM 👶🦕
Überdimensionale Legosteine für kleine Häuslebauer, Dinosaurierskelette im Sandkasten und eine Feuerwehrstation – hier können Kinder spielend was lernen. Viel Spaß machen auch die Riesenseifenblase und der Spiegeltunnel. Außerdem gibt es Mal- und Bastelwerkstätten, einen schattigen Spielplatz und einen kleinen Wasserpark mit Wasserkanonen und Fontänen (trockene Sachen einpacken!). Das Beste: Der Eintritt ist frei, nur den Reisepass muss man mitnehmen. *Di–So*

10–16 Uhr | Soi 4, Kamphaeng Phet Road | Queen Sirikit Park | nahe Chatuchak-Markt | ca. 2 Std. | 0

SEA LIFE BANGKOK OCEAN WORLD

Korallenfische, Mantas und sogar Pinguine tummeln sich in Thailands größtem Aquarium. Kinder sind begeistert, wenn sie in einem Glastunnel mitten durchs Haifischbecken und sogar durch einen Regenwald spazieren können. *Tgl. 10–20 Uhr (letzter Einlass) | Eintritt (inkl. Madame Tussauds) ca. 1200 Baht, Kinder ca. 1000 Baht | 991 Rama I Road | im Shoppingcenter Siam Paragon | visitsealife.com |* 2–4 Std. | d4

WELLNESS

WAT PHO

Erholsam und belebend ist eine Massage (ab 420 Baht pro Stunde), entweder auf dem Tempelgelände (s. S. 43) im meist vollen, klimatisierten *Massage Treatment Center* (gleich morgens noch angenehm leer) oder ein paar Hundert Meter außerhalb in der *Massageschule des Wat Pho (tgl. 8–18 Uhr (letzte Anmeldung) | Soi Penphat 1, Maharaj Road | in einer Gasse nahe dem Pier, gegenüber der Universitätsbibliothek, an der Ecke ist ein 7-Eleven | Tel. 02 6 22 35 51 | watpomassage.com)*, der berühmtesten in Thailand. a4

AUSGEHEN & FEIERN

ABOVE ELEVEN

Schicke, moderne und dennoch gemütliche Rooftopbar im 33. Stock mit tollem Blick auf die Stadt, leckeren Cocktails und Snacks. Das Gleiche gilt für das zugehörige *Gramercy Park* ein Stockwerk höher. *Tgl. 18–2 Uhr | Sukhumvit Road, Soi 11 | Tel. 0 20 38 51 11 | aboveeleven.com |* 0

PHRA NAKORN BAR & GALLERY

Thai Music und Indie-Rock live und aus der Konserve: In der Restaurantkneipe hört man rockigen Thai-Sound. *Tgl. 17–1 Uhr | 58/2 Soi Ratchadamnoen Klang Road |* b3

ROUTE 66

Ob Livebands oder DJ: Hier wird zwar nicht auf, aber zwischen den Tischen getanzt! Auf den Tisch gehört nach Thai-Sitte die Flasche Whisky mit Cola und viiiiel Eis. Dann kann es losgehen in dem riesigen Club mit drei Floors (Hip-Hop, Thai-Livemusik, Elektro) und feierwütigem jungem Publikum. Am Wochenende brechend voll. *Tgl. 20–2 Uhr | Eintritt 300 Baht | Royal City Av. | Tel. 0 22 03 04 07 | route66club.com |* 0

RUND UM BANGKOK

1 DREAM WORLD

15 km / 10 Min. (Auto vom Don Muang Airport)

Riesiger Themenpark nördlich des Don Muang Airport mit Nostalgieeisenbahn, Traumgarten, Fantasialand, Schneewelt, Wasserpark und Hollywood-Action-Shows. Auf dem Gelände verkehrt ein Shuttlebus. *Mo–*

ZENTRALTHAILAND

Fr 10–17, Sa, So 10–19 Uhr | Eintritt ab 1200 Baht, Kinder unter 90 cm Körpergröße frei | 62 Rangsit-Ongkarak Road | Rangsit | dreamworld.co.th/en | ⏱ ca. 4–5 Std. | 📖 D9

AYUTTHAYA

(📖 D8) **Die Flüsse Chao Phraya, Pasak und Lopburi umfließen das historische Zentrum der 60 000-Einwohner-Stadt ★ Ayutthaya.**
So verbirgt sich die schöne Altstadt bis heute auf einer Insel und konnte vom 14. bis zum 18. Jh. strategisch geschützt zu einer blühenden Handelsmetropole anwachsen – die am längsten bestehende Königsstadt Siams, immerhin ganze vier Jahrhunderte mit 33 Königen. Eine Augenweide! Der historische Stadtkern ist gespickt mit Ruinen von Tempeln und Palästen, deren Säulen und Türme noch immer die Skyline bestimmen.

SIGHTSEEING

Die einzelnen Sehenswürdigkeiten kosten jeweils 20–150 Baht Eintritt, es gibt ein Sammelticket für 230 Baht (inkl. sechs Tempelstätten zur Auswahl). Öffnungszeiten meist 8–18 Uhr, manche bis 16.30 Uhr.

AYUTTHAYA HISTORICAL STUDY CENTER

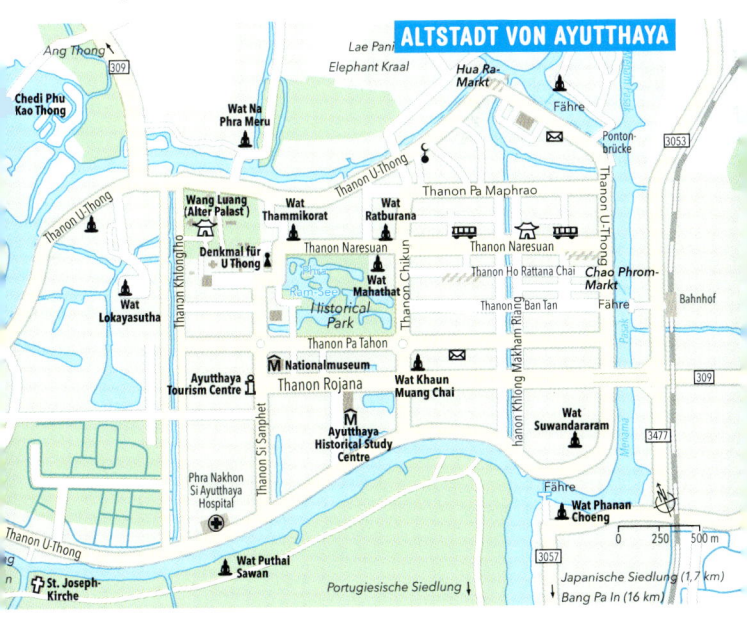

Überwältigt von der geballten Historie? Am besten erst mal einen Überblick verschaffen! Die Geschichte der Stadt sowie das Leben ihrer Könige und Untertanen werden in der Ausstellung anschaulich mit Modellen präsentiert. Bei einem audiovisuellen (und erfrischend kühlen) Rundgang erlebst du selbst den Alten Palast noch in voller Pracht vor seiner Zerstörung durch die Burmesen 1767. *Tgl. 9–16 Uhr | Eintritt 100 Baht | Rojana Road | südlich des Phraram-Parks | ⏱ 1 Std.*

ALTER PALAST

Am Rand der nordwestlichen Stadtmauer residierten die Könige im Wang Luang, wovon heute leider nur noch wenige Ruinenreste zeugen. Auf dem Gelände erhebt sich ein königlicher Tempel, der *Wat Phra Si Sanphet*, dessen drei restaurierte, mächtige Chedis ein Wahrzeichen Ayutthayas sind – im Innern dieses bildschönen Ensembles wird die Asche von drei Königen aufbewahrt. *Tgl. 8–18 Uhr | Eintritt 50 Baht | ⏱ 30 Min.*

WAT MAHATHAT

Am östlichen Rand des Phraram-Parks im alten Stadtkern von Ayutthaya beeindruckt diese Tempelanlage allein durch ihre enormen Ausmaße. Achte beim Spaziergang entlang der Tempelummauerung auf einen mächtigen Banyanbaum, dessen Wurzelwerk einen abgeschlagenen Buddhakopf umschließt. Am Abend, wenn die ganze Anlage im Flutlicht erstrahlt, wirkt sie noch majestätischer als am Tag. *Tgl. 8–18 Uhr | Eintritt 50 Baht | ⏱ 1 Std.*

WAT CHAI WATTHANARAM

Gut in Schuss, sehr fotogen und ein Hauch von Mythologie – für den imposanten Tempel lohnt sich ein kleiner Umweg zum anderen Flussufer! Hier fühlt man sich augenblicklich nach Kambodscha versetzt: ein kleines Angkor. Der mächtige, 35 m hohe Prang im Khmer-Stil in der Mitte ist umgeben von acht kleineren, spitz zulaufenden Chedis. Er symbolisiert den heiligsten aller Berge, den Meru, Mittelpunkt des hinduistisch-buddhistischen Universums. ==Entlang von Türmen, Galerien und Ziegelsteinwänden wandelst du sozusagen durch den Wohnsitz der Götter.==

INSIDER-TIPP
Tempel-Augenweide: Wo die Götter wohnen

Tgl. 8–18 Uhr | Eintritt 50 Baht | am Westufer des Chao Phraya außerhalb der Altstadtinsel | ⏱ 30 Min.–1 Std.

ESSEN & TRINKEN

Auf dem Nachtmarkt *Hua Ra* am Fluss und an den Garküchen im Phraram-Park kann man einheimisch speisen. Gute und günstige Nudelsuppen gibt es nordöstlich des Wat Mahathat bei *Ang Lek Noodle (Chikun Road),* wo es zur Mittagszeit proppenvoll ist.

KANCHANA-BURI

(C9) **Hier hört man fast die Filmklappe fallen: „Action please!" Die Provinzhauptstadt Kanchanaburi (50 000 Ew.) zieht Scharen von Gästen an mit der wohl berühmtesten Eisenbahnbrücke der Welt: der Brücke am Kwai.**

ZENTRALTHAILAND

Der gleichnamige, oscarprämierte Filmklassiker mit Alec Guinness wurde zwar im Dschungel Sri Lankas gedreht, aber in Kanchanaburi, 130 km westlich von Bangkok, liegt der wahre Kriegsschauplatz mit der rekonstruierten japanischen „Todeseisenbahn", deren Bau 1942–43 Zigtausende Opfer forderte. Zwei Sonderzüge fahren täglich ab Stadtteil Thonburi nach Kanchanaburi (aktuelle Infos: *Zugauskunft-Hotline 1690 | seat61.com*).

SIGHTSEEING

BRÜCKE AM KWAI UND TODESEISENBAHN

Stell dir die Dschungelhölle im Weltkriegsjahr 1942 vor: Die japanischen Besatzer in Thailand sind auf dem Vormarsch nach Indien, sie lassen ihre Eisenbahnlinie 415 km durch den Urwald gen Burma (heute Myanmar) schlagen. Geschätzte 60 000 alliierte Kriegsgefangene und 200 000 asiatische Zwangsarbeiter schuften am Bau der „Death Railway" bei Hitze, Monsun, Erdrutschen, Folter und Malaria. Viele sterben elendig. Heute bummeln Tausende Touristen mit bunten Sonnenschirmen zu Fuß über die rekonstruierte *Brücke am Kwai*. Sobald sich die Sonderzüge pfeifend nähern, drängt sich alles auf den hölzernen Ausweichplattformen. Nur die Eisenbögen stammen übrigens vom eigentlichen historischen Vorbild, das ca. 4 km südlich stand und 1945 von den Alliierten zerstört wurde.

Wer ein Ticket für den mehrstündigen Ausflug bzw. die Weiterfahrt mit der ★ *Todeseisenbahn* ab Kanchanaburi bis zur Endstation *Nam Tok* ergattert, genießt gleich hinter der Brücke am Kwai den landschaftlich spektakulären Teil der opferreich gebauten Eisenbahnstrecke. Hoch über dem Fluss geht es auf den Schienen haarscharf vorbei an schroffen Felswänden und im Schritttempo über ein ächzendes Balkenviadukt beim Dorf *Wang Po*. Der letzte Haltepunkt Nam Tok (70 km

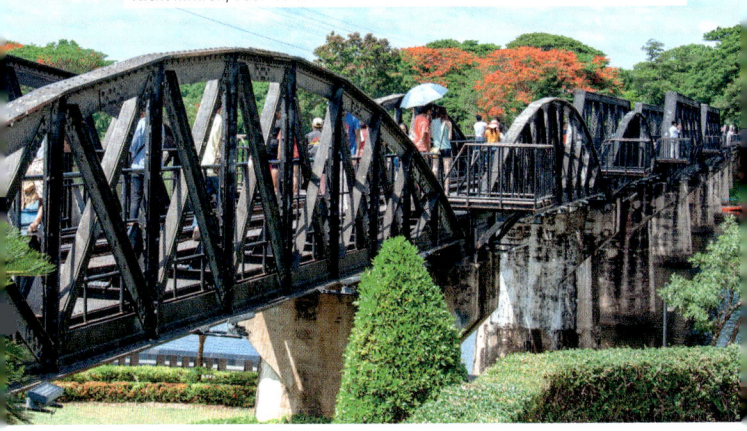

Nicht filmreif, aber weltberühmt: die Brücke über den Kwai in Kanchanaburi

von der Brücke) ist ein verschlafenes Nest. Wenn du nicht nach Kanchanaburi zurückfahren willst, kannst du den Bus über den Sai-Yok-Nationalpark nach Sangklaburi nehmen. Für ganz Eilige: Es gibt auch Touristenzüge, die nur kurz über die historische Brücke in Kanchanaburi fahren *(tgl. 8–16 Uhr, ca. 30 Min. für 150 Baht).*

KRIEGSFRIEDHÖFE UND MUSEEN
Auf dem *Kanchanaburi War Cemetery* zwischen der Stadt und der Brücke sind 6982 alliierte Kriegsgefangene bestattet. Am Ufer des Kwai, 2 km südlich der Stadt, befinden sich weitere 1740 Gräber auf dem *Chong Kai War Cemetery*. Boote dorthin chartert man direkt an der Brücke. Bei der Tour ist auch ein Stopp am Kloster *Wat Tham Khao Poon* und an den dortigen Tropfsteinhöhlen möglich.

Von den drei Kriegsmuseen ist vor allem das *Thailand-Burma Railway Centre (tgl. 9–16 Uhr | Eintritt 150 Baht | tbrconline.com | ⏱ 1 Std.)* gegenüber dem Kanchanaburi War Cemetery sehenswert. Die Ausstellung zur Geschichte der „Todeseisenbahn" vermittelt ein eindrucksvolles Bild von den Strapazen der Kriegsgefangenen beim Bau der Strecke. Das ältere *Jeath War Museum (tgl. 8.30–18 Uhr | Eintritt 40 Baht | auf dem Gelände des Wat Chai Chumpol)* zeigt Briefe und Fotos der Zwangsarbeiter in nachgebauten Bambusbaracken. Ein Sammelsurium aus Kriegsgerät und Exponaten eines Heimatmuseums ist das *World War II and Jeath War Museum (tgl. 9–17 Uhr | Eintritt 40 Baht | nahe der Brücke am Südufer des Flusses).*

ESSEN & TRINKEN
BLUE RICE RESTAURANT
Die Karte ist überschaubar, der blaue Reis nur ein Gag, dafür ist der Blick über das Treiben auf dem Fluss bei lauer Brise umso abwechslungsreicher. Das ruhig gelegene Gartenrestaurant serviert exzellente Thai-Küche, die Chefin Noi ihren Gästen gern auf mundwässernde Weise erklärt (sie gibt auch Kochkurse). *153/4 Moo 4 | Thamakham | Tel. 034512017 | applenoikanchanaburi.com | €*

INSIDER-TIPP Hier fühlt man sich gut aufgehoben

AVE THAI FOOD & GOOD BEER
In dem gemütlichen Freiluftkneipenlokal geht's auch zu vorgerückter Stunde noch hoch her bei gekühltem Thai Craft Beer und bunten Cocktails. Neben Thai Food (probier mal den scharfen Papayasalat *Som Tam*) gibt es auch Pizza, Pasta & Co., während das thailändische Treiben draußen vorbeirollt. *77/8 Maenam Kwai Road | Mobiltel. 0991561619 | €–€€*

RUND UM KANCHANA-BURI

2 ERAWAN-WASSERFÄLLE
70 km / 1 Std. von Kanchanaburi (Auto)
Einfach nur märchenhaft: Die nordwestlich von Kanchanaburi gelege-

ZENTRALTHAILAND

Wovon Pooldesigner träumen: Badespaß in den Erawan-Wasserfällen

nen Wasserfälle im 550 km² großen Erawan-Nationalpark (tgl. 8–16.30 Uhr | Eintritt 300 Baht | thainationalparks.com) zählen zu den schönsten des ganzen Landes. Auf sieben Stufen ergießt sich das erfrischend kühle Wasser in große Sinterterrassen. Die dritte Stufe ist ein wunderschöner Badeplatz, bis zur finalen, siebten Stufe sind es schweißtreibende 90 Minuten Fußmarsch. Am besten, du planst deinen Besuch für den Morgen. Dann ist es kühler und noch nicht so voll. ▯ B8

INSIDER-TIPP
Pflicht und Kür: nach dem Aufstieg planschen

3 SANGKLABURI ★

220 km / 3 Std. von Kanchanaburi (Auto)

Sangklaburi (15 000 Ew.), der letzte Ort vor der Grenze zu Myanmar, liegt nordwestlich am Stausee *Khao Laem*, aus dem die Tempelspitze der gefluteten Altstadt ragt. Herausragendes Bauwerk ist die alte *Holzbrücke*, die auf 10 m hohen Stelzen über den Songkaria-Fluss führt, mit 850 m die längste ihrer Art in Thailand. Eine weitere prächtige Augenweide ist die Tempelanlage *Wat Wang Wiwekaram*. Das Dach schwingt sich vielfach gestaffelt in den Himmel, und der 60 m hohe, goldene Pagodenturm gibt mit seinen sonderbaren Zeichen und Symbolen Anlass zum Rätseln – ein toller Hintergrund für ein Selfie! Am 30 km entfernten *Drei-Pagoden-Pass* stehen drei verwitterte Chedis in kargem Bergland. Der dortige Grenzübergang nach Myanmar ist derzeit nur für Thais und Burmesen geöffnet. ▯ B7

INSIDER-TIPP
Himmlisch und rätselhaft

SUKHOTHAI

Map labels (Alt-Sukhothai):
- Turiang Kilns (Brennöfen)
- Wat Phra Pai Luang
- Wat Si Chum
- Pratu San Luang (Nordtor)
- Wat Son Khao
- Polizei
- Wat Sorasak
- Trapang So
- Ramkhamhaeng-Denkmal
- Eingang 1
- Wat Chan Lor
- o Thewalai, aha Kasetra, Phiman
- Wat Tuk
- Wat Sri Ton
- Pratu Oa (Westtor)
- Wat Mahathat
- Fahrräder
- Markt
- Ramkhamhaeng-Nationalmuseum
- Pratu Kamphaeng Hak (Osttor)
- Thanon Jarodvithi Thon.
- Eingang 2
- Fahrräder
- Töpfereien
- Wat Si Sawai
- Souvenirstände
- Klong Sao Ho
- Pratu Namo (Südtor)
- Wat Kamphaeng Lang
- 0 / 0,25 / 0,5 / 0,75 / 1 km

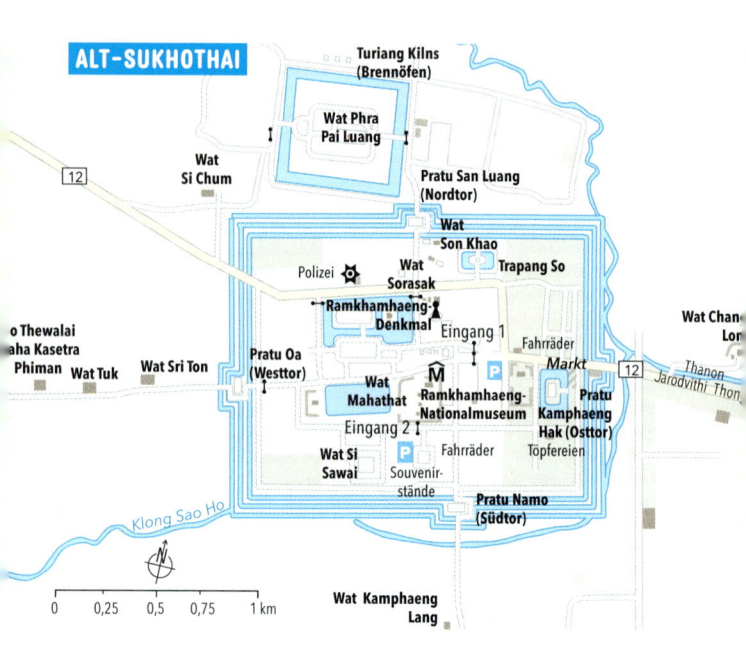

SUKHOTHAI

(*C5*) **Tausende Lichterballons schweben im Abendhimmel davon, auch die Flüsse sind voller leuchtender *kratong*-Schiffchen: Das Lichterfest Loi Kratong Ende November ist der Höhepunkt eines Besuchs in Sukhothai und lässt die alten Zeiten in den Ruinen lebendig werden.**

Aber auch sonst ist die Königsstadt eine (Zeit-)Reise wert! Denn König Ramkhamhaeng hat als „Vater Thailands" hier vor rund 800 Jahren wahrlich Großes geschaffen – nicht nur das Thai-Alphabet –, und dafür sind ihm die Thais bis heute dankbar. Sukhothai gilt als Wiege der Nation mit den schönsten Bau- und Kunstwerken aus dem 13. und 14. Jh., etwa dem lächelnden und schreitenden Buddha, der heute im Nationalmuseum steht.

Die historische, 1238 gegründete Altstadt liegt ca. 12 km von der modernen Neustadt Sukhothai (37 000 Ew.) entfernt. Auf dem weitläufigen Areal erheben sich rund 20 Bauwerke. Die Hälfte davon bezaubert als größtenteils gut erhaltene Tempelschreine mit großen, erhabenen Buddhastatuen und einer einzigartigen, fast mystischen Atmosphäre, besonders zu Sonnenaufgang und Sonnenuntergang.

SIGHTSEEING

ALT-SUKHOTHAI ★

Das bedeutendste und größte Bauwerk ist der *Wat Mahathat* mit einem beherrschenden Chedi auf einem Re-

ZENTRALTHAILAND

liefsockel, Säulenreihen und vielen Buddhastatuen, die teilweise restauriert wurden. Ganz in der Nähe befinden sich die drei Prangs des *Wat Sri Sawai.* Dann geht es durch das *San-Luang-Tor:* Im Norden außerhalb des ummauerten historischen Stadtkerns thront auf einer Insel in einem künstlichen Teich der Chedi des *Wat Phra Phai Luang,* mit mehr als 800 Jahren eine der ältesten Klosterstätten in Sukhothai. Die mit 11 m höchste Buddhastatue sitzt hinter den hohen Mauern und hölzernen Flügeltoren des *Wat Sri Chum* gleich nebenan. Die Tempel des Parks lassen sich gut mit dem Fahrrad erkunden, z. B. auf einer informativen geführten Mountainbiketour mit *Cycling Sukhothai (ca. 1000 Baht | Mobiltel. 08 50 83 18 64 | cyclingsukhothai.com),* die außerdem Fahrten in die Umgebung anbieten. *Tgl. 8–19 Uhr | Eintritt 100 Baht pro Zone (Zentrum, Norden und Westen) | ab 18 Uhr im zentralen Bereich Eintritt frei | 2–5 Std.*

RAMKHAMHAENG-NATIONALMUSEUM

Einem Buddha zu begegnen ist an sich schon ein Erlebnis – hier aber steht man staunend vor einem der charakteristischsten Sukhothai-Kunstwerke: dem bildschönen schreitenden Buddha. Statuen wie diese gibt es in ganz Thailand nur wenige. Eine Kopie steht auf dem zentralen Altstadtgelände am Wat Sra Sri. Die Sammlung enthält viele weitere Buddhafiguren und Exponate aus der Sukhothai-Periode. *Tgl. 9–16 Uhr | Eintritt 150 Baht | am Parkeingang | 1 Std.*

ESSEN & TRINKEN

Leckeres Thai-Food gibt's auf dem *Nachtmarkt (Ramkhamhaeng Road)* in Neu-Sukhothai, beispielsweise beim beliebten *Rom Pho.* Direkt am Parkeingang servieren einfache Restaurants einheimische und westliche Gerichte.

PAI SUKHOTHAI

In dem kleinen, rustikalen (Gästehaus-)Lokal stimmen Preis, Portionen und Geschmack. Man kann auch geruhsam frühstücken oder abends aus der thailändisch-internationalen Speisekarte wählen. Und die Bedienung ist auch auf Zack. *3 Pravetnakorn Road | Neustadt | Mobiltel. 08 08 98 88 48 | Facebook: @paisukhothairesort | €*

SCHÖNER SCHLAFEN IN ZENTRALTHAILAND

VORNEHMES HOSTEL

Das *Printing House Poshtel (140 Dinso Road | nahe Wat Suthat | Mobiltel. 09 49 34 48 48 | Facebook: @printinghouseposhtel | €–€€ | b3)* in Bangkok hat 15 moderne, fast luxuriöse Zimmer (auch Doppel- und Familienzimmer) – ein bisschen Loft, ein bisschen Studentenbude und eine Prise Jugendherberge, aber charmant. Der Clou: die oberen Etagenbetten sind bequem über eine kleine Treppe zu erreichen, und alle sind mit Leselampe und Steckdose ausgestattet, sogar mit eigenem TV!

DER NORDEN

BERGE VOLLER EXOTIK

Eine Thailandreise ohne einen Abstecher in den Norden wäre wie eine klassische Thai-Massage ohne mausgrauen Pyjama! Hier rollen die Straßen wie Achterbahnen auf und ab durch die letzten Ausläufer des Himalaja, hier warten Fotomotive hinter jeder Haarnadelkurve. Die burmesisch-laotischen Holztempel sind die reinste Augenweide, wie auch die farbenprächtigen Trachten der Bergvölker. Wer nur mit wenig Zeit im Norden reist, hat die Qual der Wahl: Vom Trekking zu den Bergstämmen bis zum Han-

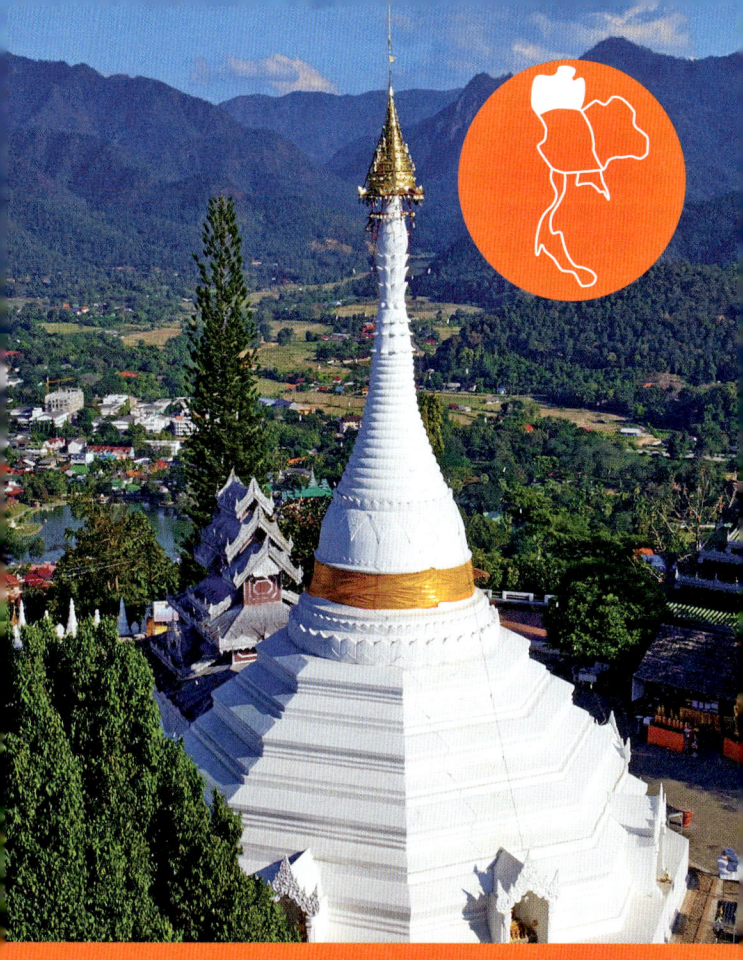

Einladung zur Meditation in der Traumlandschaft rund um Mae Hong Son

tieren mit explosiv scharfen Ingredienzen im Kochkurs gibt es tausendundein Dinge zu erleben und zu entdecken. Nicht zu vergessen: Nirgendwo kommt man Buddha so nah – in vielen Tempeln werden *Monk Chats* oder Meditationen angeboten. Clevere Reiseprofis bringen ausreichend Urlaubstage für den abwechslungsreichen Norden mit.

DER NORDEN

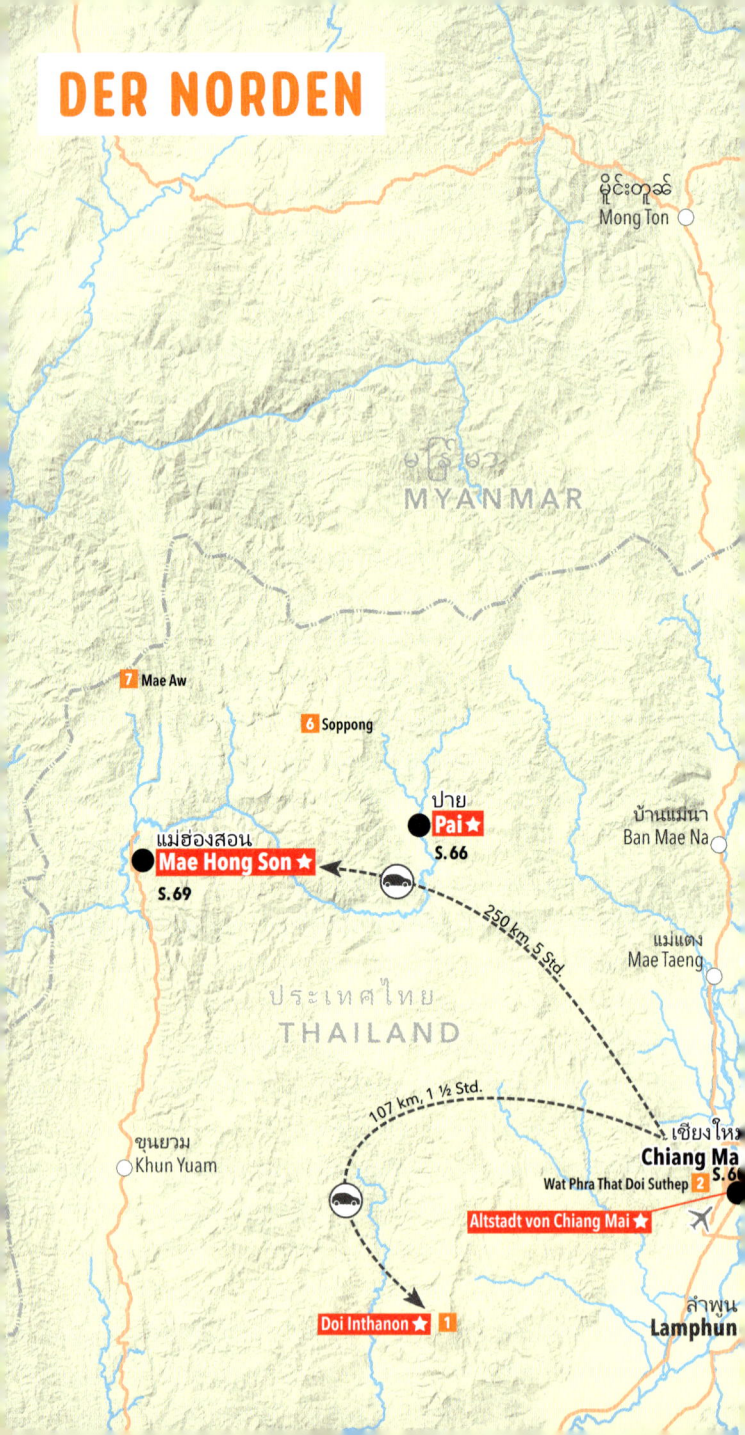

မိူင်းတူၼ်
Mong Ton

မႄႈႁွင်ႈသွၼ်
MYANMAR

7 Mae Aw

6 Soppong

ปาย
Pai ★
S. 66

แม่ฮ่องสอน
Mae Hong Son ★
S. 69

บ้านแม่นา
Ban Mae Na

250 km, 5 Std.

แม่แตง
Mae Taeng

ประเทศไทย
THAILAND

ขุนยวม
Khun Yuam

107 km, 1 ½ Std.

เชียงใหม่
Chiang Mai
S. 6

Wat Phra That Doi Suthep **2**

Altstadt von Chiang Mai ★

Doi Inthanon ★ **1**

ลำพูน
Lamphun

MARCO POLO HIGHLIGHTS

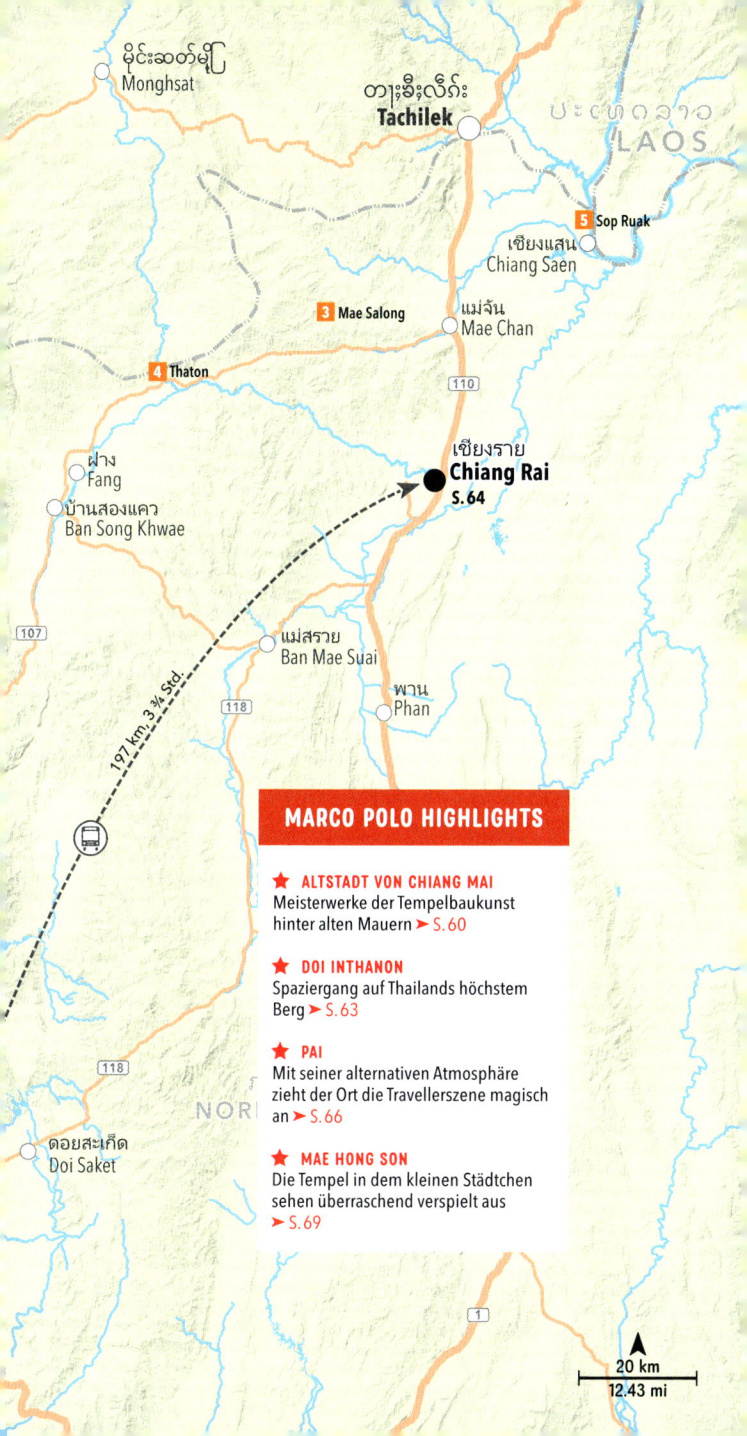

★ **ALTSTADT VON CHIANG MAI**
Meisterwerke der Tempelbaukunst hinter alten Mauern ➤ S. 60

★ **DOI INTHANON**
Spaziergang auf Thailands höchstem Berg ➤ S. 63

★ **PAI**
Mit seiner alternativen Atmosphäre zieht der Ort die Travellerszene magisch an ➤ S. 66

★ **MAE HONG SON**
Die Tempel in dem kleinen Städtchen sehen überraschend verspielt aus ➤ S. 69

CHIANG MAI

(⬜ B3) **Chiang Mai, mit mehr als 200 000 Einwohnern größte Stadt der Region, schmiegt sich ins fruchtbare Tal des Ping-Flusses.**

1296 gegründet, war sie zweieinhalb Jahrhunderte lang die Hauptstadt des Königreichs Lanna. Aus dieser Zeit stammen einige bildschöne Tempel aus Holz und Gold: Preziosen im Lanna-Thai-Stil. Heute fasziniert die Metropole des Nordens mit mehr als 100 Klöstern. Kein Grund für Urlaubsstress: Es reicht, wenn du die malerischsten gesehen hast.

SIGHTSEEING

ALTSTADT ★

Hinter dem Wassergraben und der teilweise erhaltenen Ziegelsteinmauer hat die Altstadt einiges von ihrem Charme bewahrt. Bildhübsche Tempel stehen hier quasi Spalier. Der Eintritt ist nicht mehr in allen frei. Aber es gibt noch einige Gratisoasen unter den weniger stark besuchten Sakralbauten, z. B. den ❖ *Wat Chiang Man (Ratchapakinai Road | Eintritt frei)* – absolut sehenswert wegen seiner exquisiten Schnitzereien, Wandgemälde, Elefantenskulpturen am Fuß des Chedis und nicht zuletzt zweier kleiner, aber legendärer Buddhafiguren. Wer nur einen einzigen Tempel in Chiang Mai anschauen will, der hier muss es sein: Der Chedi des *Wat Chedi Luang (tgl. ca. 6.30–17 Uhr | Eintritt 40 Baht | Phra Pokklao Road)* war einst 86 m hoch. Bei einem Erdbeben im Jahr 1545 wurde er zum Teil zerstört. Mit seinen restaurierten 42 m Höhe wirkt er aber immer noch erhaben und sogar ein bisschen wie aus einer

Diesen Tempel musst du gesehen haben: Wat Chedi Luang in Chiang Mai

DER NORDEN

Indiana-Jones-Kulisse – besonders am späten Nachmittag, wenn man fast allein hier ist. Angesagt: der *Monk Chat (tgl. 9–18 Uhr)* mit den Mönchen. Ein weiteres Prachtstück ist der *Wat Phra Singh (Sam Lan/Singharat Road),* der mit seiner einzigartigen Bibliothek, einem Meisterwerk der Holzbaukunst aus der Lanna-Epoche, beeindruckt. *3 Std.*

Rund um das Sam-Kasat-Denkmal verheißen gleich drei Museen etwas schattige Abkühlung und Wissenswertes. Das informative *Chiang Mai City Arts & Cultural Centre,* das weniger sehenswerte *Chiang Mai Historical Centre* und das kleine, aber wegen seiner lebensgroßen Figuren interessante *Lanna Folklife Museum* vermitteln Hintergrundinfos zu Geschichte, Kultur und Kunst. *Mi–So 8.30–16.30 Uhr | Eintritt jeweils 90 Baht, Kombiticket 180 Baht | Phra Pokklao Road | cmocity.com*

CHIANG MAI ZOO

Die Stars der sehr weitläufigen Anlage sind zwei Pandas, aber im größten Zoo des Landes leben auch noch über 400 weitere Tierarten, von thailändischen Elefanten bis zu afrikanischen Giraffen und australischen Koalabären. Haie und kleine Fische sind im angeschlossenen Aquarium zu sehen. Und im *Snow Dome* können kleine und große Besucher auf künstlichem Schnee sogar Schlitten fahren. *Tgl. 8–17 Uhr | Eintritt 150 Baht, Kinder 70 Baht (Pandagehege 100 bzw. 50 Baht, Aquarium 450 bzw. 350 Baht extra) | 100 Huay Kaew Road | chiangmai.zoothailand.org | ca. 3 Std.*

WOHIN ZUERST?

Tapae Gate: Durch dieses Tor gelangt man auf der Ratchadamnoen Road direkt in das historische Chiang Mai. In entgegengesetzter Richtung führt die Tapae Road ins moderne Stadtzentrum. Beide Gegenden kann man bequem zu Fuß erkunden. Falls du nicht im Zentrum wohnst, lässt du dich per Tuk-Tuk dorthin chauffieren.

ESSEN & TRINKEN

Essensstände gibt es gegenüber dem Nachtmarkt im *Galare Food Center* und gegenüber dem Chang Puak Gate im Norden der Altstadt.

AROON RAI

Nicht von der Kantinenatmosphäre mit Plastikstühlen und offenen Blechtöpfen abschrecken lassen! Wenn du einmal *khao soi,* die klassische nordthailändische Currynudelsuppe, probieren möchtest, bist du hier richtig. Das gelbe Curry aus Myanmar punktet mit seiner typisch indischen Geschmacksnote, viel Kardamom und noch mehr Kurkuma – nicht jedermanns Geschmack. Seit über 50 Jahren tischt das einfache Restaurant günstige Thai-Küche auf. *45 Kotchasan Road | Tel. 0532769 47 | €*

INSIDER-TIPP Grenzerfahrung gelbes Curry

LA FONTANA

In dem authentischen, einladenden italienischen Restaurant werden le-

CHIANG MAI

ckere Pizzen und Pasta zubereitet. Die Preise sind günstig. *Ratchamanka Road 39/7–8 | Tel. 0 53 20 70 91 | Facebook: @LaFontanaCM | €€*

THE RIVERSIDE
Abends wird es voll in diesem beliebten Terrassenlokal am Ping-Fluss: Man schmaust hier zu richtig guter Livemusik mit Flusspanorama. Du kannst dir dein Menü aber auch auf dem Ausflugsboot servieren lassen *(75-minütige Flussfahrt tgl. um 20 Uhr). 9–11 Charoenrat Road | Tel. 0 53 24 32 39 | theriversidechiangmai. com | €€*

SHOPPEN

Kunsthandwerk der Bergvölker gibt es vor allem auf dem *Nachtmarkt (Night Bazaar) (Chang Klan Road)* und am *Tapae Gate*. Die Straße vom Tor in die Altstadt wird sonntags für einen riesigen Markt gesperrt, und immer samstags wird die Wualai Road südlich der Altstadt zur *Saturday Walking Street*.

Das östlich gelegene Dorf *Bor Sang* ist berühmt für seine bunt bemalten Papierschirme. An der dorthin führenden *Sankampaeng Road* verkaufen viele Betriebe Kunsthandwerk und Souvenirs.

SPORT & SPASS

ELEFANTENCAMPS
Rund um Chiang Mai bieten zahllose (mehr oder weniger gute) Elefantencamps Touren an. Viel gelobt sind der *Elephant Nature Park (Tagesbesuch*

DER NORDEN

mit Abholung ab 2500 Baht | Tel. 053 27 28 55 | elephantnaturepark.com) nördlich von Chiang Mai und als Klassiker das berühmte Thai Elephant Conservation Center (TECC) (tgl. 9– 15.30 Uhr | Eintritt 200 Baht | Hang Chat | km 28–29 am Hwy. Lampang-Chiang Mai | Tel. 0 54 82 93 33 | thailandelephant.org) der Regierung in Lampang südöstlich. Das TECC ist die älteste, größte und renommierteste Einrichtung dieser Art in Thailand, mit Elefantenkrankenhaus und -museum und Homestay-Unterbringung für Touristen. Selbst aus dem Dung der Jumbos wird hier noch was gemacht: garantiert geruchsfreies Papier, auch als Souvenir zu haben.

INSIDER-TIPP
Elefantöses Ökopapier

KOCHKURS

Nirgends im Land ist der Einstieg in die Thai-Küche so günstig wie in Chiang Mai. Ab 1500 Baht kostet ein Tageskurs, z. B. in der *Thai Farm Cooking School (Moon Muang Road, Soi 9 | Mobiltel. 08 12 88 59 89 | thaifarmcooking.net)* auf einem Biobauernhof.

AUSGEHEN & FEIERN

Kleinere Barzentren findest du in Chiang Mai an der oberen *Loi Kro Road* nahe der Altstadt sowie rund um das *Zoe in Yellow* in der *Ratchawithi Road*. Einheimische Studenten bevorzugen die Bars und Clubs entlang der *Nimmanhaemin Road* (im Nordwesten der Stadt), wie z. B. *Infinity* und *Warm Up*.

RUND UM CHIANG MAI

1 DOI INTHANON ★

100 km / 1 ½ Std. von Chiang Mai (Auto)

Für alle, die hoch hinaus wollen – zum Gipfel von Thailands höchstem Berg (2565 m). Im gleichnamigen Nationalpark südwestlich von Chiang Mai sind Wasserfälle und ein Dorf der Bergbewohner zu entdecken. Oben gibt es einen Tempel, ein kurzer Rundwanderweg führt durch den märchenhaft anmutenden, feuchten Nebelwald. Schon auf der Anfahrt bieten sich prächtige Ausblicke auf das Land, und du reist in kürzester Zeit durch verschiedene Klimazonen. Nicht vergessen, Jacke oder Pullover mitzunehmen! *Eintritt 300 Baht, Touren ab Chiang Mai ab 1400 Baht | thainationalparks.com |* ⏱ *4–6 Std. |* 📖 *B4*

2 WAT PHRA THAT DOI SUTHEP

16 km / 30 Min. von Chiang Mai (Auto/Bus)

Berühmt in ganz Thailand ist dieses Kloster auf dem 1676 m hohen Suthep-Berg. Der Tempel liegt nordwestlich der Stadt auf 1070 m Höhe und wurde als Heimstatt für eine Buddhareliquie schon 1338 erbaut. Eine von mythischen Nagaschlangen gesäumte Treppe führt vom Parkplatz über 306 Stufen hinauf – oder du nimmst ganz einfach die Zahnradbahn. *Tgl. 8– 17 Uhr | Eintritt 30 Baht, mit Seilbahn 50 Baht, Tour ca. 550 Baht | öffentl. Minibusse (50 Baht) ab Chang Puak Bus*

CHIANG RAI

306 Stufen zur Erleuchtung: das berühmte Kloster Wat Phra That Doi Suthep

Station (500 m nördlich des Chang Puak Gate) bis ca. 15 Uhr im Pendelverkehr | Meditationscenter: fivethousandyears.org | ⏲ 2 Std. | ▥ B3

CHIANG RAI

(▥ C2) **Chiang Rai, die Hauptstadt der gleichnamigen Provinz, wurde schon im Jahr 1262 gegründet.**
Die 67 000-Einwohner-Stadt bildet das wirtschaftliche Zentrum des oberen Nordens, ist aber viel geruhsamer als Chiang Mai.

SIGHTSEEING

BERGVÖLKERMUSEUM (HILLTRIBE MUSEUM)
Im Hilltribe Museum kann man sich über sechs Volksgruppen informieren, die in den Bergen leben – und gleich mittrekken bei sozial verträglichen Touren. *Mo–Fr 8.30–18, Sa, So 10–18 Uhr | Eintritt frei, Spende willkommen | Tanalai Road | pdacr.org | ⏲ 30 Min.*

OUB KHAM MUSEUM
Die beiden fast lebensechten Elefantenköpfe weisen den Weg: Julasak Suriyachai hat sein Privatmuseum wie einen Tempel gestaltet und viele Schätze aus der nordthailändischen Lanna-Kultur zusammengetragen. Wirklich schön präsentiert sind die goldglitzernden Kostüme und Gewänder, Töpferwaren und anderes Kunsthandwerk. Nicht verpassen unter den vielen Buddhastatuen: den Topasbuddha. Allein das vor goldenem Dekor strotzende Schlafgemach ist einen Besuch wert. *Tgl. 8–17.30 Uhr | Eintritt 300 Baht | 81/1 Na Khai Road (Military Front Road) | nahe Den-Ha-Markt | ⏲ 30 Min.*

DER NORDEN

WAT RONG KHUN
Buddha trifft auf Batman in dieser surrealen Tempelanlage des berühmten thailändischen Künstlers Chalermchai Kositpipat. Ganz in Weiß strahlt das Gesamtkunstwerk aus Architektur, Skulpturen und Gemälden, das sich in Sachen Kitsch mit keinem anderen Tempel in Thailand vergleichen lässt. Aber mit durchaus ernsthaftem Hintergrund, denn es geht dem Künstler hier um die Machtspiele in der Welt, etwa wenn der „Erleuchtete" gegen den Dämon Mara besteht … *Tgl. ca. 8–17.30 Uhr | Eintritt 50 Baht | 13 km südlich am Hwy. 1 | ⏱ 1 Std.*

INSIDER-TIPP: Kampf gegen dunkle Mächte

ESSEN & TRINKEN/SHOPPEN

Der *Nachtmarkt* mit vielen Essensständen liegt mitten im Stadtzentrum. Er ist zwar nicht so groß wie der Nachtmarkt in Chiang Mai, aber dafür gibt's Kunsthandwerk und Produkte der Bergvölker etwas preiswerter als dort – Folkloretänze inklusive.

RUND UM CHIANG RAI

3 MAE SALONG
67 km / 2 Std. von Chiang Rai (Auto)

Das Dorf Mae Salong, das auch Santi Khiri genannt wird, liegt nordwestlich von Chiang Rai auf dem 1355 m hohen Doi Mae Salong. Hier leben Nachfahren chinesischer Kuomintang-Soldaten, die nach Mao Zedongs Revolution über Burma (heute Myanmar) nach Thailand flüchteten. Sie bauen Tee, Kaffee und Gemüse an. Auf dem Markt, zu dem auch Angehörige der Bergvölker kommen, gibt es chinesische Tees und Trockenfrüchte zu kaufen.

Am Ortseingang kann man im *Chinese Martyrs' Museum (tgl. 8–17 Uhr | Eintritt 20 Baht | ⏱ ca. 1 Std.)* in die kriegerische Ära der geopolitischen Konflikte zwischen Chinesen, Thais, Burmesen und Amerikanern eintauchen. ⌘ *C2*

4 THATON
70 km / 2 Std. von Chiang Rai (Auto)

Schneller geht's über die Landstraße (auf der 1089 und dem Hwy. 1) vom nordwestlich gelegenen Travellerdorf Thaton nach Chiang Rai, aber ein abenteuerliches Erlebnis und alter Klassiker ist die (im wahrsten Sinn:) Spritztour per Longtailboot auf dem Mae Kok. Für nur 350 Baht pro Person (bei sechs Passagieren) oder 2200 Baht für die Bootscharter düsen wasserfeste Bootsausflügler den Kok River entlang – ca. 80 km im überdachten, laut dröhnenden *Motorboot (tgl. ca. 10.30 Uhr ab Chiang Rai, 12.30 Uhr ab Thaton | Dauer 3–4 Std.).*

Am Ufer warten einige Bergstämme auf Besuch in ihren Dörfern, die Souvenirstände sind gut bestückt. Bequem ist der Trip aber nicht, und wasserscheu solltest du auch nicht gerade sein! ⌘ *C2*

5 SOP RUAK

70 km / 2 Std. von Chiang Rai (Auto)

Wo früher Schmuggler auf Dschungelpfaden ihr Unwesen trieben und Drogenbarone Kriege führten, wo der rote Schlafmohn auf endlosen Feldern blühte, dort überrascht Besucher heute der reinste Rummelplatz! Ins berühmte Goldene Dreieck, das Dreiländereck von Thailand, Laos und Myanmar, kommen keine Drogenkarawanen mehr, sondern Busladungen von Touristen. Das einstige Dörfchen Sop Ruak nördlich von Chiang Rai ist vollgestopft mit Souvenirbuden.

Den berüchtigten Drogenbossen kommst du in einem der besten Museen des Landes auf die Spur: Die riesige *Hall of Opium (Di–So 10–17, letzter Einlass 16 Uhr | Eintritt 200 Baht | maefahluang.org | 2–3 Std.)* gibt multimedial und interaktiv einen spannenden Einblick in Drogengeschäfte der Vergangenheit und der Gegenwart und ihre Folgen. Sogar Schlafmohn wächst hier noch – hinter Glas. *C2*

> **INSIDER-TIPP**
> **Ausgerauscht: Es war einmal ...**

PAI

(B3) So sehr sich das kleine ★ Pai auch hinter hohen Bergen und endlosen Kurven und Kehren versteckt hat, es konnte nicht lange verborgen bleiben. Heute trifft sich in der rasant wachsenden Travellerhochburg im hohen Norden die Szene aus aller Welt.

Und das nicht erst, seit der thailändische Kinohit „Pai in Love" 2009 dem Ort einen einheimischen Besucherboom beschert hat. Zuerst kamen die Hippies in den 90ern und ließen die Pfeifen kreisen, dann eine Welle der Rucksackreisenden und schließlich auch die jungen und hippen Thais aus Bangkok. Seitdem landen hier übrigens auch kleine Cessna-Flieger aus Chiang Mai, denn Zeit für die sagenhafte Serpentinenroute mit ihren 762 Kurven hat nicht mehr jeder.

Und so präsentiert sich das einst verschlafene Bergdorf mit seinen knapp 6000 Einwohnern als trendiger Hotspot für Rafting und Raving, Chill-out und Trekking, Massage und Meditation. Souvenirs gibt's in rauen Mengen, dazu Tattoostudios, Reiki- und Kochschulen an jeder Ecke, Kneipen und Bars und auch immer mehr Boutiquehotels statt Billighütten und Schlafsälen.

DER NORDEN

Die mittlerweile verschmutzten *Heißen Quellen (Tha Pai Hot Springs) (Eintritt 300 Baht | 8 km südlich)* kann man sich schenken und im Sommer auch an den kleinen Wasserfällen ❖ *Mo Paeng* und *Pa Bong (8 bzw. 12 km nordwestlich)* baden und entspannen – gratis.

SIGHTSEEING

BAMBOO BRIDGE

Ein einfacher, teils etwas ramponierter Bambusmattenpfad schlängelt sich durchs Reisfeld, das in der Regenzeit lindgrün und kurz vor der Erntezeit goldgelb leuchtet. Die 800 m lange *Kho Ku So* (Opfergabenbrücke) verkürzt den Mönchen des abgelegenen Tempels Wat Huay Kai Kiri ihren Weg zum Almosensammeln in die Dörfer. Mittlerweile gibt's sogar ein Café für Besucher, dort kann man das beste Fotomotiv abwarten oder sich im Bogenschießen üben. *Ban Pam Bok | im Nordwesten von Pai*

INSIDER-TIPP
Gut für einen gelungenen Schuss

WAT PHRA THAT MAE YEN

335 Stufen musst du schaffen, bevor du das herrliche Panorama am Tempel genießen darfst. Besonders schön ist die Aussicht im November und Dezember, wenn der *Thale Mok*, der „Nebelsee", über dem Tal liegt. *2 km außerhalb von Pai beim Dorf Mae Yen*

ESSEN & TRINKEN

Gute Thai-Gerichte bieten *Na's Kitchen (€)* in der Nähe der Schule und das alteingesessene *Baan Benjarong (€–€€)* am Stadtrand Richtung Chiang Mai. Besonders zu empfehlen ist die Biokost im *Good Life Restaurant (€)* sowie im allseits beliebten *Om Garden Café (€)*.

Die Bamboo Bridge bei Pai führt dich durch üppige Reisfelder

Die Einwohner von Mae Aw bauen in idyllischer Lage Tee an – und servieren ihn dir auch

AUSGEHEN & FEIERN

Die Bars in Pai kommen und gehen – aber irgendwo ist immer Party. Bei Einheimischen und Touristen gleichermaßen beliebt ist *Jikko Beer* im Zentrum.

RUND UM PAI

6 SOPPONG
43 km / 1 Std. von Pai (Auto)
Rund um das kleine, wilde Marktörtchen westlich von Pai kannst du kaum erforschte, riesige Höhlen erkunden. Die *Mae Lanna Cave* lädt zu mehrstündigen, abenteuerlichen Entdeckungstouren *(ab 750 Baht pro Person)* ein, während man die 8 km nördlich von Soppong gelegene, 500 m lange Tropfsteinhöhle *Tham Lot* mit dem Bambusfloß *(500 Baht inkl. Guide für bis zu 3 Personen | ca. 1 ½ Std.)* durchqueren kann. Infos zu den Touren geben Unterkünfte vor Ort, etwa die *Cave Lodge (Tel. 053 61 72 03 | cavelodge. com)*. Unwetterwarnungen: *Facebook: @thamlodvillage.* A–B 2–3

MAE HONG SON

(A3) **Ein Tempel in Thailand sieht aus wie der andere?! Weit gefehlt!**

DER NORDEN

In dem beschaulichen Städtchen ★ **Mae Hong Son** faszinieren gleich mehrere Juwelen im typisch burmesischen Zuckerbäckerstil – mit viel Holz, Gold und jeder Menge Schnörkel.

Nahe der Grenze zu Myanmar, eingekesselt von Bergen, galt die landesweit kleinste Provinzhauptstadt (20 000 Ew.) wegen ihrer Abgeschiedenheit lange als „Sibirien Thailands". Heute landen hier sogar Flugzeuge. Die Umgebung ist ideal für Erkundungen abseits ausgetretener Pfade.

SIGHTSEEING

Am *Jongkamsee* mitten im Ort liegen 👁 die malerischen Tempel *Wat Chong Klang* und *Wat Chong Kham* (jeweils Eintritt frei). Besonders romantisch ist es hier, wenn frühmorgens Nebel über dem See wabert. Allein für dieses Fotomotiv lohnt die lange Anreise über wilde Bergpässe! Vom Kloster auf dem 424 m hohen *Doi Kong Mu* hast du eine prächtige Aussicht.

ESSEN & TRINKEN

Von Stand zu Stand geht es schmausend auf dem *Nachtmarkt* am See. Livemusik zur Thai-Küche gibt's im *Sunflower Café (€€)* am See, gute Pizza bei *Primavera (€–€€)* im Süden der Innenstadt an der Hauptstraße.

FERN RESTAURANT

Ein lokaler Klassiker: Das große Restaurant hinter der schönen Holzfassade serviert teils exotische Speisen wie gebratene Farne. Die Thai-Gerichte haben einen Hauch von Burma-Küche bzw. der Kochkunst der burmesischen Shan. *87 Khumlum Prapat Road | Tel. 0 53 61 13 74 | €€*

RUND UM MAE HONG SON

🔢 MAE AW
45 km / 1 Std. von Mae Hong Son (Auto)

Fast wie eine Tour ans Ende der Welt ist die Fahrt durch die wilde, einsame Berglandschaft in das Kuomintang-Dorf Mae Aw, das sehr fotogen an einem kleinen See liegt. Früher wurde hier Schlafmohn angebaut, heute leben die Einwohner vom Tourismus und von ihren Teeplantagen. In kleinen Lokalen lassen sich Tee und Spezialitäten der chinesischen Yunnan-Küche genießen. Offiziell heißt der Ort Ban Rak Thai, „das Dorf, das Thailand liebt".

Auf dem Weg dorthin bietet sich ein Abstecher in den *Pha-Sua-Nationalpark (tgl. 8–18 Uhr | Eintritt 200 Baht | ca. 30 km nördlich von Mae Hong Son an der Straße 1095 | ⏱ 1–2 Std.)* an, der wegen des beeindruckenden gleichnamigen Wasserfalls sehenswert ist. ==Und mit etwas Glück laufen dir hier sogar noch wilde Gibbons über den Weg – keine Streicheltiere, deshalb am besten Abstand halten.== 📍 *A2*

INSIDER-TIPP
Zoomen statt annähern

DER NORDOSTEN

URSPRÜNGLICHE EINSAMKEIT

Ein anderes, überraschendes Thailand: weit und flach, trocken und karg. Der Isan ist die Heimat der Reisbauern und reicht als Hochplateau bis an die Ufer des Mekong, des Grenzflusses zum Nachbarland Laos. Immerhin ein Drittel des Landes! Wer nun meint, in diesem riesigen Gebiet gäbe es nichts zu entdecken, der irrt gewaltig.

Das Dorf Ban Chiang punktet mit den ältesten Bronzefunden in Südostasien. Ein paar Tausend Jahre jünger und dennoch beeindru-

Abseits der Trampelpfade: Reisanbau im Isan

ckende Meisterwerke sind die schönsten Khmer-Tempel außerhalb Kambodschas in Phimai. Aber nicht nur Hobbyarchäologen geraten im Isan ins Schwärmen. Die letzten wilden Elefantenherden Thailands tummeln sich im Khao-Yai-Nationalpark. Und das Beste am Nordosten: Weit abseits der Reiserouten von Abermillionen Thailandbesuchern erlebt man sie hier noch immer – die unverfälschten Traditionen, die berühmte Herzlichkeit und eine authentisch scharfe Küche.

DER NORDOSTEN

อุดรจับ
Vientiane

หนองคาย
Nong Khai
S.80

เลย
Loei

อุดรธานี
Udon Thani

หนองบัวลำภู
Nong Bua Lam Phu

Ubolratana-Damm **5**

Phu-Wiang-Nationalpark **6**

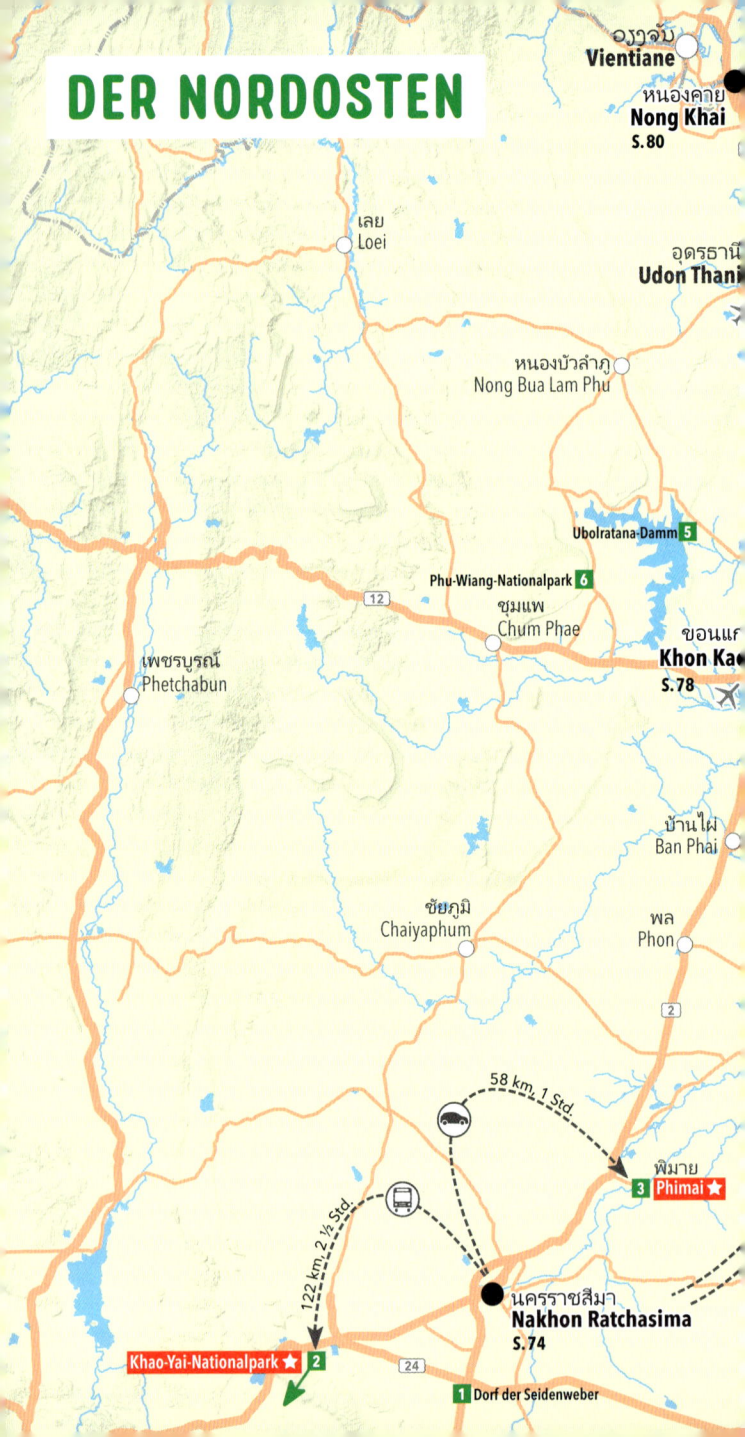

ชุมแพ
Chum Phae

ขอนแก่น
Khon Kaen
S.78

เพชรบูรณ์
Phetchabun

บ้านไผ่
Ban Phai

ชัยภูมิ
Chaiyaphum

พล
Phon

58 km, 1 Std.

พิมาย
3 Phimai ★

122 km, 2 ½ Std.

นครราชสีมา
Nakhon Ratchasima
S.74

Khao-Yai-Nationalpark ★ **2**

1 Dorf der Seidenweber

MARCO POLO HIGHLIGHTS

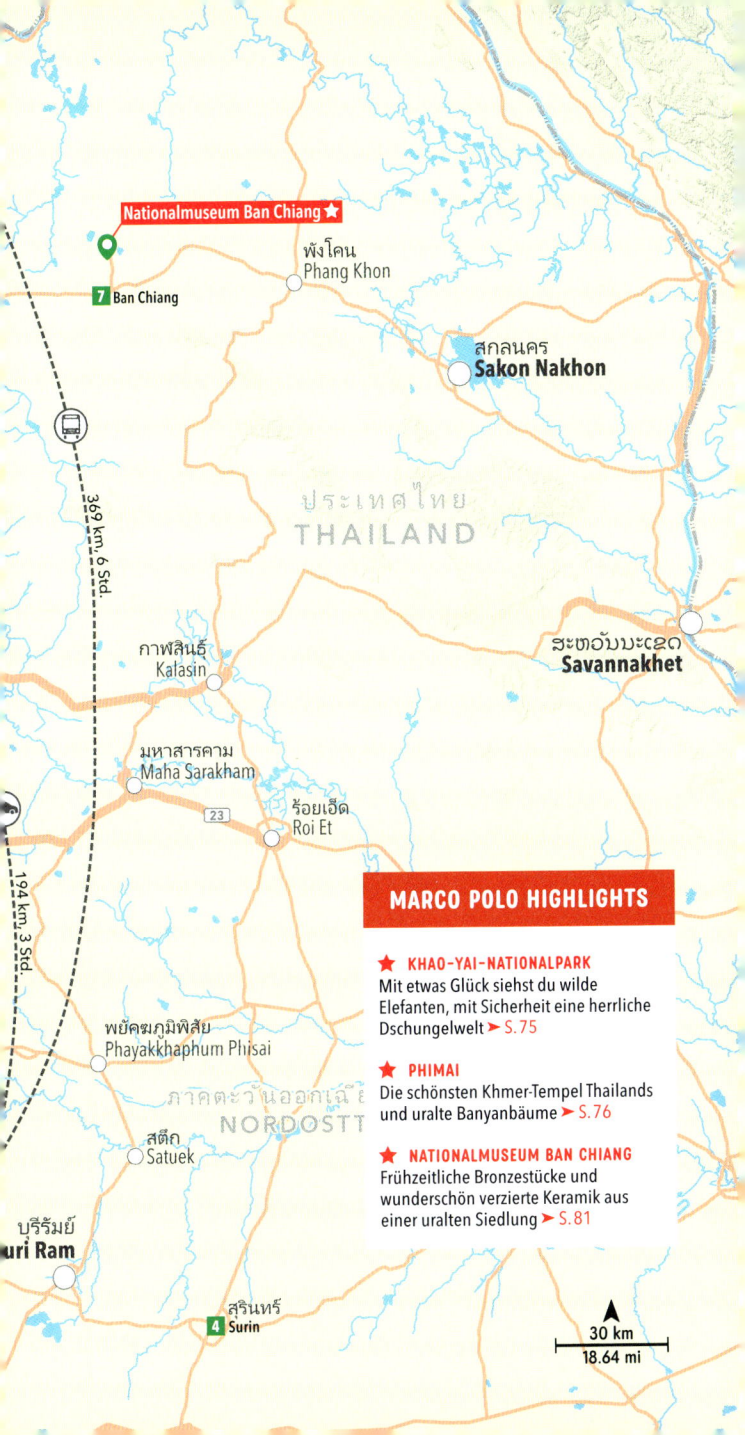

★ **KHAO-YAI-NATIONALPARK**
Mit etwas Glück siehst du wilde Elefanten, mit Sicherheit eine herrliche Dschungelwelt ➤ S. 75

★ **PHIMAI**
Die schönsten Khmer-Tempel Thailands und uralte Banyanbäume ➤ S. 76

★ **NATIONALMUSEUM BAN CHIANG**
Frühzeitliche Bronzestücke und wunderschön verzierte Keramik aus einer uralten Siedlung ➤ S. 81

NAKHON RATCHASIMA

(F7–8) **Nakhon Ratchasima ist mit 250 000 Einwohnern die größte Stadt des Nordostens und auch unter dem Namen Korat bekannt.**
In der Provinzmetropole kann man eintauchen in authentisches Isan-Feeling inklusive Heldenverehrung und bunter Straßenmärkte, aber die interessantesten Sehenswürdigkeiten liegen in der Umgebung.

SIGHTSEEING

MAHA-WIRAWONG-NATIONALMUSEUM
Die wirklich kleine Sammlung enthält viele Buddhafiguren, Keramik und Schnitzereien. Zu bestaunen sind unter anderem hinduistische Statuen aus den Khmer-Tempeln im Nordosten Thailands – wie der lässig im Schneidersitz dargestellte elefantenköpfige Gott Ganesha aus dem Prasat Phanom Rung (s. S. 78) südwestlich von Surin – und andere Zeugnisse der Khmer-Kunst. *Mi–So 9–16 Uhr | Eintritt 50 Baht | Ratchadamnoen Road | beim Wat Suthachinda | 30 Min.*

THAO-SURANARI-DENKMAL
Auf einem hohen Sockel steht das Bronzedenkmal für die tapfere Ehefrau eines früheren Korat-Gouverneurs. 1826 leitete sie den Widerstand gegen laotische Invasoren und vertrieb die Eindringlinge aus der Stadt. Von den Menschen im Isan wird Thao Suranari wie eine Heilige verehrt. Täglich pilgern viele hierher, entzünden Räu-

Ein atemberaubender Moment: Wildelefanten im Khao-Yai-Nationalpark

DER NORDOSTEN

cherstäbchen und legen Opfergaben nieder. *Im Zentrum zwischen Ratchadamnoen Road und Chumphon Road*

ESSEN & TRINKEN

Essensstände gibt es auf dem *Nachtmarkt (Mahat Thai Road/Ecke Manat Road)*.

CHEZ ANDY
Wer zur Abwechslung mal was Deftiges braucht, geht in dieses angesagte Lokal bei Rösti, Bratwurst und ordentlichen Steaks. *So geschl. | 5 Manat Road | Tel. 04428 95 56 | koratchezandy.com | €–€€*

HAPPYLAND
Günstige Speisen werden hier zu (meist) lauter Livemusik serviert, das kühle Bier kommt mit salzigem Popcorn. *280 Mahat Thai Road | Facebook: happylandatkorat | €*

RUND UM NAKHON RATCHASIMA

Einen Wagen mit Fahrer kann man z. B. bei *Korat Car Rental (136 Phonsaen Road | Tel. 0 44 39 37 30 | koratcarrental.com)* mieten.

1 DORF DER SEIDENWEBER
32 km / 1 Std. von Nakhon Ratchasima (Bus)

Stimmt, es gibt Tricks, mit denen man echte Seide von Fakeseide unterscheiden kann, aber wer will denn immer gleich den ganzen Marktstand mit der Feuerprobe abfackeln! Hier kannst du sicher sein, dass du Seide ohne synthetische Beimischung einkaufst. Wie Seidenstoffe von Hand gewebt oder mit modernen Maschinen hergestellt werden, kann man im Dorf Pak Thong Chai sehen. Der Ort südwestlich von Nakhon Ratchasima ist ein Zentrum der thailändischen Seidenproduktion, es gibt Dutzende Betriebe vom kleinen Familienunternehmen bis zu Hightechmanufakturen. *Busse im Pendelverkehr | ⏱ 1–2 Std. | 🗺 E8*

2 KHAO-YAI-NATIONALPARK ★
120 km / 2 ½ Std. von Nakhon Ratchasima (Auto)

Hohe Berge, tosende Wasserfälle, Dschungel, wilde Orchideen und: wil-

RUND UM NAKHON RATCHASIMA

de Elefanten! Der Khao-Yai-Nationalpark zählt mit den angrenzenden Schutzzonen der Dong-Phayayen-Bergkette zum Weltnaturerbe der Unesco.

Der älteste Nationalpark des Landes – und einer der schönsten – ist das größte Rückzugsgebiet für die letzten frei herumstreifenden Elefanten Thailands. Noch rund 300 Exemplare sollen hier südwestlich von Nakhon Ratchasima in mehreren Herden über die Grassavannen ziehen – und nicht selten auch direkt über die Zufahrtsstraße! Um sie zu sehen, braucht es trotzdem etwas Glück, und man sollte sich der Führung eines Parkrangers anvertrauen *(Touren ca. 1300 Baht pro Person)*. Auch Gibbons und Makaken, Krokodile und Sambarwild lassen sich hier immer wieder mal blicken, man muss nur früh genug auf die Pirsch gehen. Am größten ist die Wahrscheinlichkeit, dass Wildschweine den Weg kreuzen oder Nashornvögel über dir flattern, und in der Regenzeit gibt es auch jede Menge Blutegel (spezielle Schutzstrümpfe über die langen Hosen ziehen).

Die Parkverwaltung vermietet auch Mountainbikes. Organisierte Touren kann man bei vielen Reisebüros buchen. Die Anreise auf eigene Faust erfolgt über Pak Chong (87 km südwestlich von Nakhon Ratchasima). Die letzten ca. 35 km bis zum Nationalpark legt man am besten mit dem Abholservice ab Pak Chong zurück. Entlang der Zufahrtsstraße und rund um den Park liegen Resorts, die auch Touren anbieten. *Tgl. 8–18 Uhr | Eintritt 200 Baht | Parkverwaltung Mobiltel.* 08 60 92 65 29 | *khaoyainationalpark.com/en* | *thainationalparks.com* | ⓘ *mind. 4–5 Std. |* 📖 *E8*

3 PHIMAI ★

58 km / 1 Std. von Nakhon Ratchasima (Auto)

In dem nordöstlich gelegenen Städtchen befindet sich eine der größten Khmer-Tempelanlagen außerhalb Kambodschas: ein Mini-Angkor-Wat. Im *Phimai Historical Park (tgl. 7.30–18 Uhr | Eintritt 100 Baht |* ⓘ *2–3 Std.)* gruppieren sich imposante, fast 1000 Jahre alte Sandsteinbauten um den zentralen, 28 m hohen Prang – und das mitten im Herzen des Orts im Verkehrstrubel. Im 11. Jh. gelangten die Khmer noch von ihrem Reich Angkor auf einer Straße gen Westen direkt nach Phimai.

DER NORDOSTEN

Fast 1000 Jahre zum Staunen: die Khmer-Tempelanlage von Phimai

Sehr sehenswert ist auch das 500 m entfernte *Phimai-Nationalmuseum (Mi–So 9–16 Uhr | Eintritt 30 Baht | 1 Std.)* mit Kunstobjekten und Grabungsfunden aus dem Isan, darunter auch hier Khmer-Kunstwerke aus dem Prasat Phimai, etwa Shivas, Garudas und Nagas, und Motive aus der Khmer-Sagenwelt wie der hinduistische Schöpfungsmythos vom „Quirlen des Milchozeans".

Ein Kunstwerk der Natur sind mehrere uralte *Banyanbäume (Sai Ngam)* am Mun River (1,5 km östlich). Im *Boonsiri Guesthouse (Chomsudasadet Road | Tel. 08 94 24 99 42 | Facebook: @boonsiriguesthouse | €)* werden auch Touren angeboten, beispielsweise zur Ruine des Khmer-Tempels im *Phanom Rung Historical Park (s. S. 78)* südwestlich von Surin. *F7*

4 SURIN
170 km / 2½ Std. von Nakhon Ratchasima (Auto)

Die 40 000-Einwohner-Stadt, Hauptstadt der gleichnamigen Provinz im Osten, wird zum *Elephant Round-up* am dritten Novemberwochenende von Touristen überschwemmt. Dann zeigen über 300 Elefanten Kunststücke, spielen mit bei historischer „Treibjagd" und Fußball und messen sich im Tauziehen mit den Zweibeinern. Leider gab es mehrfach Unfälle bei der Interaktion: Leg dich niemals unter einen Elefanten, selbst wenn das (Schwangeren) nach Thai-Aberglauben Glück bringen soll. Reisebüros in Bangkok veranstalten Sonderfahrten. Im Dorf *Ta Klang,* 60 km nördlich von Surin, liegt das *Surin Elephant Study Center,* das sich um rund 200 Elefanten kümmert und in einem Museum über die grauen Riesen informiert. Freiwillige Helfer sind willkommen im *Surin Project (13 000 Baht pro Woche | surinproject.org)*. Die Einrichtung arbeitet wie das Study Center unter dem Dach der angesehenen *Save Elephant Foundation*.

Ein Höhepunkt im wahrsten Sinn ist die erhabene Khmer-Ruine *Prasat Phanom Rung* aus dem 11. Jh. im *Phanom Rung Historical Park (tgl. 9–17 Uhr | Eintritt 150 Baht | Ban Ta Pek, Chalerm Phra Khiat, Provinz Buriram | ⏱ 2 Std.)* 75 km südwestlich von Surin – sie thront auf einem erloschenen Vulkankegel. Die breite, mit fünfköpfigen Naga-Schlangenwesen geschmückte Monumentalbrücke führt zu dem Heiligtum hinauf. Du kannst hervorragende Steinmetzarbeiten an den Portalen und Türstürzen bewundern, etwa den tanzenden Shiva. Eine andere Figur war nach ihrem Raub in den 1960er-Jahren im Oriental Art Museum in Chicago wieder aufgetaucht und kehrte erst 1988 nach langen Protesten der Thais zurück an ihren Heimatort: der sagenumwobene *Phra Narai*. Das herrliche Relief zeigt den liegenden Vishnu – entspannt, ein sanftes Lächeln umspielt die vollen Lippen.

INSIDER-TIPP
So müssen Orte der Erleuchtung aussehen

Gutes, günstiges Essen in Surin bietet das einfache *Starbeam Restaurant (32/6 Soi Saboran 2 | Tel. 0 44 51 96 29 | Facebook: Starbeam.Restaurant | €)*. Auf der Karte stehen Gerichte der einheimischen und der westlichen Küche. Anfahrt mit Bus oder Zug | 🗺 G8

KHON KAEN

(🗺 F6) **Die Stadt Khon Kaen (150 000 Ew.) liegt im Herzen des Isan, rund 450 km von Bangkok entfernt.**

Nur wenige Touristen machen in der Universitätsstadt Station. Schade eigentlich. Denn es gibt zwar außer dem Nationalmuseum und den Tempeln keine nennenswerten Attraktionen im Ort selbst, aber einige interessante Ausflugsziele warten in der Umgebung darauf, erkundet zu werden.

SIGHTSEEING

BUNG KAEN NAKHON

Der See am südöstlichen Rand des Zentrums ist ein beliebter Picknickplatz. Besonders eindrucksvoll ist die Pyramide des *Wat Nong Waeng (Eintritt frei | ⏱ 1 Std.)* mit exquisiten Schnitzereien in Türen und Fensterläden. Der Clou: Innerhalb der prächtigen Pagode kannst du über steile Stufen acht Etagen erklimmen und wirst belohnt mit einem schönen Stadt-Land-Panorama.

INSIDER-TIPP
Die Augen wandern lassen

NATIONALMUSEUM

Umfangreiche Sammlung archäologischer Funde, wie Stein- und Bronzeäxte aus Ban Chiang, ein anmutiger Bronzebuddha aus der Sukhothai-Periode und eine Shivastatue aus dem 11. Jh. *Mi–So 9–16 Uhr | Eintritt 100 Baht | Lang Sun Ratchakan Road | ⏱ 1 Std.*

DER NORDOSTEN

ESSEN & TRINKEN

Für ein paar Euro kann man sich auf dem 🚩 *Nachtmarkt* quer durch die Isan-Küche essen. Wem der Sinn nach frisch gebrautem Bier steht, besucht das *Pullman Khon Kaen Raja Orchid (9-9 Pracha Samran Road | Tel. 0 43 91 33 33 | accor.com | €€–€€€)* in der „Disco Street": Im *Pavillon Café* stärkt ein Buffet mit Speisen aus aller Welt, oder man bestellt kantonesische Cuisine im eleganten *Loong Yuen*.

RUND UM KHON KAEN

Mit öffentlichen Verkehrsmitteln sind Touren ins Umland von Khon Kaen kompliziert. Am Flughafen vermieten diverse *Car Rental*-Firmen Wagen mit und ohne Fahrer (ab ca. 30 Euro).

5 UBOLRATANA-DAMM

50 km / 1 Std. von Khon Khaen (Auto)
Die nordwestlich gelegene Talsperre am Phong-Fluss ist nach der Prinzessin Ubol Ratana benannt. Riesig wie ein Meer liegt der größte Stausee im Isan den Flaneuren auf dem Mauerwerk zu Füßen, man kann hier sogar baden. Ein Ausflugslokal versorgt die Besucher mit Grillfisch und schönstem Weitblick. *F6*

6 PHU-WIANG-NATIONALPARK

85 km / 1 ½ Std. von Khon Kaen (Auto)
Der Park nordwestlich von Khon Kaen präsentiert sich als „Dinosaurierland". Die riesigen Saurierskulpturen sind jüngeren Datums, aber die versteinerten Relikte der Urzeitviecher im Museum sind 120–150 Mio. Jahre alt. Man kann Grabungsstätten besichtigen und Funde sowie Schautafeln im kleinen Besucherzentrum studieren, die einzelnen Pfade sind 1–1,6 km lang. *Eintritt 200 Baht | 2–3 Std. | F6*

Fernblick mit Buddhas Segen im Wat Nong Waeng

NONG KHAI

Eine Fabelwelt aus Felsgestein ist der Skulpturenpark Sala Kaew Ku

NONG KHAI

(F4) **Erholsame Tage am Mekong verheißt die Provinzhauptstadt Nong Khai (70 000 Ew.). Sie ist das Sprungbrett nach Laos.**

Über die 1,7 km lange *Thai-Laos Friendship Bridge* gelangen Grenzgänger ans andere Ufer und in das 26 km entfernte Vientiane, die Hauptstadt von Laos. Es rollen auch Züge über die Brücke, aber die Bahnstrecke bis Vientiane ist noch nicht fertiggestellt.

SIGHTSEEING

SALA KAEW KU (WAT KHAEK)
Die Anlage mit ihrem bizarren Skulpturengarten ist einzigartig. Neben den riesigen Buddhastatuen, Dämonen, hinduistischen Göttern, siebenköpfigen Kobras und Elefanten wirken die Besucher wie Zwerge. Hier hast du die gigantische Sagen- und Fabelwelt Thailands fast für dich allein. *3 km östlich | ⏱ 1 Std.*

INSIDER-TIPP
Unter Dämonen: Nur Mut!

ESSEN & TRINKEN

In der *German Bakery (Kaeworawut Road | Tel. 08 95 77 91 43)* tischt der Pfälzer Bäckermeister Rudi ein ordentliches Frühstück mit Vollkornbrot auf, außerdem Käsekuchen, Kokosmakronen und leckere Schneckennudeln. Zu Weihnachten gibt es sogar Zimtsterne!

In derselben Straße liegt das *Mut Mee Garden (mutmee.com | €)* des gleichnamigen Guesthouse – hier sitzt man

DER NORDOSTEN

gemütlich vor dem Flusspanorama. Essensstände gibt es abends an der *Prajak Road* gegenüber dem Wat Sri Saket.

Das schwimmende Restaurant *Nagarina (€)* legt an wechselnden Tagen um 17 Uhr unterhalb des Guesthouse ab zur *Sunset Cruise,* bei der Laos und Thailand im goldenen Abendlicht ineinander zu verschmelzen scheinen – ein Naturschauspiel zum Spottpreis von 100 Baht. Nicht verpassen solltest du ein wahres Feuerwerk der Natur, die spektakulären *fireballs* auf dem Mekong zum Oktobervollmond (5-stündige Bootsfahrt ab Nong Khai nach Ban Nam Pe inkl. Dinner ca. 3000 Baht): ==Mysteriöse Feuerbälle schießen an nur einem einzigen Tag im Jahr kunterbunt und senkrecht aus dem Fluss!== Sind das etwa wandernde Seelen oder die legendären Naga-Schlangen, wie die Thais und Laoten glauben? Das alljährliche „Mekongleuchten" lässt selbst seriöse Wissenschaftler schwärmen und seit Jahrzehnten darüber grübeln, ob hier wohl phosphoreszierende Bakterien, Sumpfgase oder Ähnliches hinter diesem Phänomen stecken.

INSIDER-TIPP: Natur-TV und Dinner auf dem Fluss

SHOPPEN

Auf dem rappelvollen *Indochina Market* am Fluss werden viele Waren aus Laos und China angeboten.

VILLAGE WEAVER HANDICRAFTS

Das Geschäft des Selbsthilfeprojekts hat ein großes Angebot an qualitativ hochwertigen handgewebten Stoffen und Kleidung zu Preisen, die für die Produzenten fair sind. *1151 Prachak Road, Soi Chittapanya*

RUND UM NONG KHAI

7 BAN CHIANG

100 km / 2 Std. von Nong Khai (Auto)

1966 stolperte ein Mann in Ban Chiang über eine Baumwurzel und fiel der Länge nach hin – was noch keine Sensation wäre. Aber der US-Amerikaner stieß mit seiner Nase am Boden auf eine der ältesten und wichtigsten prähistorischen Siedlungen in ganz Südostasien.

Nach rund einem halben Jahrhundert der Ausgrabungen und Forschungen steht fest: In dem Dorf südöstlich von Nong Khai lebte schon vor rund 3500 Jahren ein hoch entwickeltes und friedliches Bauernvolk, das das Bronzegießen beherrschte. Zu den herausragenden Funden gehören metallene Schmuckstücke wie Arm- und Fußringe, außerordentlich schöne Keramikarbeiten mit feinen Wellen- und Spiralmustern und Skelette, alles zu sehen im eindrucksvollen ★ Nationalmuseum (*tgl. 8.30–16.30 Uhr | Eintritt 150 Baht | isearchaeology.org/the-ban-chiang-project*). Die Ausgrabungsstätte ist nicht zu besichtigen, aber im Hof des *Wat Po Sri Nai* steht ein kleines Modell. Vor dem Museum bieten Händler Töpferwaren an. ⏱ *1–2 Std.* | 🕮 *G5*

OSTKÜSTE

BEKANNTES & UNBEKANNTES

400 Küstenkilometer, abwechslungsreich und spannend: Zwischen Bangkok und der Grenze zu Kambodscha warten neben der trubeligen Touristenmetropole Pattaya noch viele schöne Plätzchen für entspanntes Stranddasein.

Zuerst geht's auf dem Hwy. 3 mitten in das größte Industriegebiet des Landes. Aber nicht verzweifeln, hinter Chonburis Salzteichen kommt wieder Ferienstimmung auf. Während sich an den Stränden von Pattaya Touristen aus aller Welt bräunen, sind die Strände von Rayong fest in

Chillen unter Palmen: Lonely Beach auf Ko Chang

der Hand von großstadtgeplagten Thais. Hinter der touristisch uninteressanten Provinzhauptstadt Rayong haben die Fischer und Obstbauern den fruchtbaren Küstenstreifen wieder für sich allein. Nur noch zwei größere Städte lohnen auf der Weiterfahrt einen Abstecher: Chanthaburi, berühmt für seine Edelsteine, und Trat, das Sprungbrett nach Ko Chang und Ko Kut. Die nach Phuket zweitgrößte thailändische Insel Ko Chang ist einer der schönsten Plätze für einen Badeurlaub an der Ostküste des Golfs von Thailand – mit oder ohne Rummel, je nach Gusto.

OSTKÜSTE

ศรีราชา
Si Racha

Khao Kheow Open Zoo [4]

แหลมฉบัง
Laem Chabang

ZENTRALTHAILAND
ภาคกลาง

Naklua Beach

พัทยา
Pattaya ★
S. 86

[3] Ko Larn

บางเสร่
Bang Sare

แกลง
Klaeng

สัตหีบ
Sattahip

บ้านฉาง
Ban Chang

ระยอง
Rayong

บ้านเพ
Ban Phe

Wong Deuan Bay

[1] Ko Samet

80 km, 1 ¾ Std.

MARCO POLO HIGHLIGHTS

★ **PATTAYA**
Unzählige Ausflugsziele und Aktivitäten für Groß und Klein bietet das einstige Sündenbabel Thailands ► S. 86

★ **CHANTHABURI**
Der Ort, wo die edlen Steine geschliffen werden. Auf Tagestouren dorthin erwartet dich ein Stopp im Bergkloster ► S. 90

★ **KO CHANG**
Viel Strand, viel Dschungel und frischer Fisch im Fischerdorf ► S. 91

Thailand / Cambodia Map

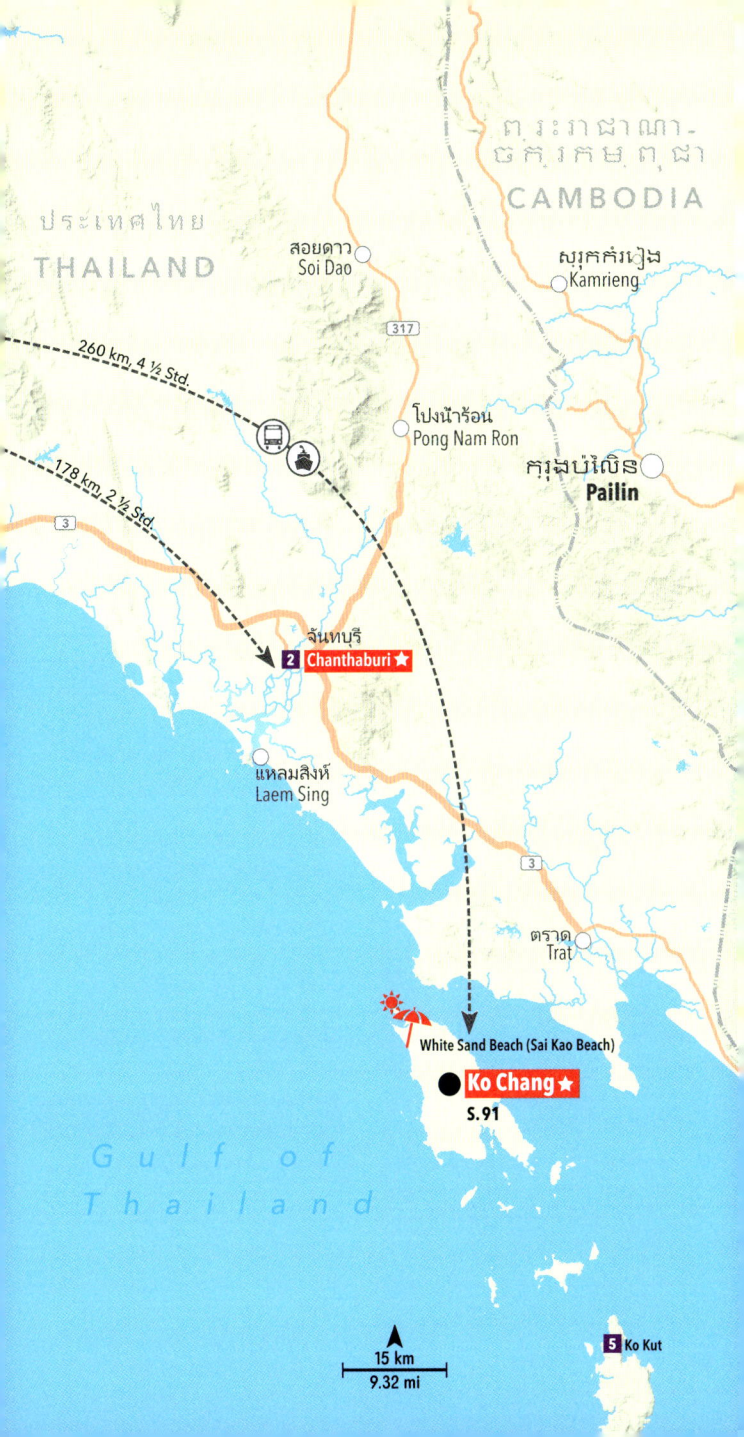

THAILAND (ประเทศไทย)

- Soi Dao (สอยดาว)
- Pong Nam Ron (โป่งน้ำร้อน)
- Chanthaburi (จันทบุรี) ★ **2**
- Laem Sing (แหลมสิงห์)
- Trat (ตราด)
- White Sand Beach (Sai Kao Beach)
- **Ko Chang** ★ — S.91
- **5** Ko Kut

CAMBODIA (ព្រះរាជាណាចក្រកម្ពុជា)

- Kamrieng (ស្រុកកំរៀង)
- **Pailin** (ក្រុងប៉ៃលិន)

260 km, 4 ½ Std.
178 km, 2 ½ Std.

Gulf of Thailand

15 km / 9.32 mi

PATTAYA

(D10) **Berühmt-berüchtigt und von den Medien zigmal totgeschrieben, ist ★ Pattaya heute lebendiger denn je. Vom verschlafenen Fischerdorf der 60er-Jahre ist nichts übrig – außer dem Namen „The Village" für Thailands wohl bekannteste Rotlichtmeile.**

Pattaya ist eine 300 000-Einwohner-Submetropole, die auf Hochtouren pulsiert, eine Stadt der Superlative: An die 1000 Restaurants und 2000 Herbergen versorgen die Millionen Urlauber. Im *Pattaya Park Tower (345 Jomtien Beach | Tel. 03825 12 01 | pattayapark.com | €€–€€€)* kreist ein Panoramarestaurant in 174 m Höhe und lädt Wagemutige zum Freestyle-Abseiling aus dem 55. Stock ein. Gigantische Einkaufspaläste und ebensolche Wasserrutschen, Action und Amüsement auf Schritt und Tritt. Die unzähligen Bars, die den Ruf als Sündenbabel begründeten, sind heute Touristenattraktion, und der Kinderprostitution haben die Behörden den Kampf angesagt. Die einst völlig verschmutzte Bucht von Pattaya ist dank einer Kläranlage viel sauberer geworden. Yachthafen, Wolkenkratzer mit Luxushotelketten und die Strandpromenade haben der Stadt ein neues Gesicht gegeben.

Zum Baden zieht es die meisten Urlauber an den zehn Taximinuten entfernten, kilometerlangen *Jomtien Beach* und den *Golden Beach* oder im Norden an den kleinen, feinen, teils felsigen ✱ *Naklua Beach* (mit abgetrennten Bade- und Jetski-Bereichen, teils auch im Schatten himmelhoher Apartmenttürme) und zum *Wongamat Beach*. Noch weiter südlich und außerhalb bei Bang Saray liegen die schönen Strände *Ban Amphur* und *Sunset Beach*. Neben Extrem- und Funsport ist in Pattaya auch für ganz normalen Sportspaß gesorgt: Golf, Tauchen, Segeln, Parasailing, Fischen, Bowling, Tennis, Schießen, Reiten, Gokartfahren – hier findet man so ziemlich alles.

WOHIN ZUERST?

Shoppingcenter Central Festival: In der Mitte der Beach Road im Zentrum von Pattaya gelegen, ist es ein idealer Ausgangspunkt, um die Bucht nach Nord und Süd zu erkunden. Baht-Busse (*songthaeow,* Pick-ups mit Bänken) fahren die Beach Road runter und die parallel verlaufende Second Road wieder hoch (per Handzeichen stoppen, zum Aussteigen Klingelknopf drücken, Fahrpreis 10 Baht, nachts 20 Baht). An diesen beiden Hauptstraßen finden sich die meisten Shops, Lokale und Hotels.

SIGHTSEEING

Die Liste der touristischen Attraktionen in der Provinz Chonburi, zu der Pattaya gehört, ist fast endlos. Ob vorgelagerte Inselchen, *Monster Aquarium,* botanische Gärten oder Folkloreshows – ein Urlaub reicht nicht aus, um alles zu sehen und zu erleben.

OSTKÜSTE

RIPLEY'S WORLD

Was kaum zu glauben, aber wahr ist, wird plastisch dargestellt, vom dreibeinigen Pferd bis hin zu einer „Titanic" aus über 1 Mio. Streichhölzern. Außerdem: eine Art Geisterbahn, ein Wachsfigurenkabinett und ein Special-Effects-Kino. *Tgl. 11–22 Uhr | Eintritt ab 500 Baht (Onlineticket) | im Shoppingcenter Royal Garden Plaza (mitten in Pattaya an der Beach Road) | ripleys thailand.com |* ⏱ *1–4 Std.*

ART IN PARADISE

Dem weißen Hai ins Maul greifen, durch ägyptische Grabkammern schleichen oder sich in einen Schmetterling verwandeln – optische Tricks und 3-D-Bilder machen's möglich. Gratis-App aufs Handy und ab geht die Post! Die beliebte Ausstellung lohnt sich nicht nur mit Kids und an Regentagen. Schuhe muss man vorher ausziehen. *Tgl. 9–22.30 Uhr (zeitweise nur bis ca. 16 Uhr, am besten vorher anrufen) | Eintritt 400 Baht, Kinder 200 Baht | Pattaya 2nd Road | Ban Lamung | im Norden der Stadt nahe Amari Garden Hotel |* ⏱ *ca. 2 Std.*

SANCTUARY OF TRUTH

Götter, Geister, Gänsehaut – hier kannst du dich unter lauter Fabelwesen mischen. Das höchste Holzgebäude der Welt in der Naklua-Bucht beeindruckt mit Tausenden geschnitzten Figuren aus fernöstlichen Religionen und Mythen: 100 m lang und 100 m hoch, ein privates Kunst- und Lebenswerk. Beim Bau wurde kein einziger Nagel und kein Metall verwendet. *Tgl. 8–18 Uhr | Eintritt 500 Baht (Onlineticket) | 206 Naklua Road, Soi 12 | sanc tuaryoftruthmuseum.com |* ⏱ *1–2 Std.*

Alles aus Holz: Schnitzereien am Sanctuary of Truth

MINI SIAM

Lust auf eine Weltreise? Der große Park zeigt die berühmtesten Bauwerke Thailands und der übrigen Welt im Maßstab 1 : 25, abends schön beleuchtet. *Tgl. 9–18 Uhr | Eintritt 300 Baht inkl. Abholservice (Tel. 0 38 72 73 33) | am Sukhumvit Hwy., nahe Bangkok Hospital Pattaya |* ⏱ *2–3 Std.*

UNDERWATER WORLD

Das Aquarium mit über 4000 Meeresbewohnern und Reptilien ist eine tolle Abwechslung für Groß und Klein. Hinter Acrylglas warten die Haie schon auf dich, im 180-Grad-Tunnel. Bei Fütterungen kann man nicht nur zugucken, sondern auch selbst Fische und Schildkröten füttern. *Tgl. 9–18 Uhr | Eintritt 500 Baht, Kinder 300 Baht | Sukhumvit Road | underwaterworld pattaya.com |* ⏱ *2–3 Std.*

PATTAYA FLOATING MARKET

Der See ist künstlich, das Pfahldorf mittendrin auch. Doch obwohl die ganze Anlage nur für Touristen erschaffen wurde, wirkt der schwimmende Markt wie ein Relikt aus vergangener Zeit – natürlich mit modernem Adrenalinkick wie Ziplines und Krokodilhäppchen am Spieß. Es gibt über 100 Restaurants und Shops, die durch Brücken miteinander verbunden sind. *Tgl. 9–20 Uhr | Eintritt ab 200 Baht, Bootstouren 800 Baht | im Südosten von Pattaya, Richtung Jomtien am Sukhumvit Hwy. | pattayafloatingmarket.com*

ESSEN & TRINKEN

AMAYA FOOD GALLERY @AMARI PATTAYA

Den Köchen über die Schulter schauen kann man im ganztags geöffneten Hotellokal, auch draußen im Garten. Geschmackvoll-minimalistisch durchgestylt, sehr ansprechendes Ambiente und exzellenter Service – das alles hat natürlich seinen Preis. Mit Kinderecke und bunten Keksen. *Beach Road | nahe Soi 1 beim Amari Hotel | Tel. 0 38 41 84 18 | amari.com | €€€*

RUEN THAI RESTAURANT

Gäste werden mit klassischen Thai-Tänzen unterhalten. Das Open-Air-Lokal ist ein alter Touristenklassiker, und so wurden die Speisen über die Jahre dem Geschmack der Besucher ange-

Im Neonlicht der Walking Street von Pattaya pulsiert das Nachtleben

OSTKÜSTE

passt. Also keine Sorge, liebe Thailand-Anfänger: Selbst das grüne Curry ist im Ruen Thai nicht allzu scharf. *Pattaya 2nd Road | Tel. 0 38 42 59 11 | ruenthairestaurant.com | €€*

SKETCH BOOK ART CAFÉ

INSIDER-TIPP
Verborgene Wohlfühloase

Die kleine, bunte Lokal-Galerie (oder auch umgekehrt) versteckt sich in einem herrlich verwunschenen Garten. Schon beim Blättern in der Riesenkarte könnte man satt werden – alles mit Fotos präsentiert: Sandwich, Spaghetti, Pizza, Steak, Currys, *phat thai*-Nudeln … Smoothies und (Eis-)Kaffee gibt es auch, etwas Zeit sollte man mitbringen. *Moo 12 Thappraya Road | nahe Jomtien Beach | Mobiltel. 06 40 82 95 94 | Tel. 0 38 25 16 25 | €–€€*

THE SKY GALLERY

Halb Pattaya scheint sich am Wochenende hier zu versammeln, wenn die Sonnenkugel glühend rot im Meer versinkt. Der Blick vom Pratumnak-Hügel über das weite Meer ist traumhaft, das Essen (Finger- und Thai-Food) auch, aber erstmal hinkommen (per Taxi am frühen Nachmittag)! *400/488 Moo 12 Pratumnak (Ratchawaroon Road) | Mobiltel. 08 19 31 85 88 | theskygallerypattaya.com | €€–€€€*

SHOPPEN

Das *Central Festival* zwischen Beach Road und Second Road bietet das ganz große Shoppingerlebnis: ein Haus der Superlative mit 200 Geschäften, Restaurants, Imbissständen und Cafés, Supermarkt, Bowlingbahnen und dem luxuriösen Multiplexkino ☂ *SFX Cinema,* das mit zehn Sälen aufwartet. Check-in am *Terminal 21 (tgl. 11–22 Uhr | Bang Lamung | terminal21.co.th):* Hier geht's beim Einkaufsbummel über „Gates" nach Paris und Tokio (mit ihren Wahrzeichen en miniature) und zu den Shops, Boutiquen und einem riesigen Foodcourt.

WELLNESS

YUNOMORI ONSEN SPA

Hierher kommen viele Gäste aus Japan, die stundenlang die Jacuzzis, Mineralbäder und Hot Springs genießen.

INSIDER-TIPP
Denn sie wissen, was sie tun

Auch die klassischen Thai- und Ölmassagen von ausgebildeten Masseurinnen sind so gut und professionell, dass man am liebsten bleiben will. Kein Problem: Tageskarten kosten 550 Baht, Massagen starten bei 500 Baht. *Tgl. 9–22 Uhr | 300/59 Theprasit Road | Nongprue | Tel. 0 38 19 70 38 | yunomorionsen.com*

AUSGEHEN & FEIERN

Viele Pubs bieten Livemusik. Die populärsten Diskos liegen in der Walking Street: der *Club Insomnia,* die moderne *Mixx Discotheque (Bali Hai Plaza)* und die fast schon legendäre, düstere *Marine Disco*. Für eher gediegene Atmosphäre bei Cocktails mit Stadtblick empfiehlt sich im 34. Stock des Hilton Pattaya die *Horizon Rooftop Bar (333/101 Beach Road)*. Ein

RUND UM PATTAYA

Ko Chang hat sich viel von seinem Aussteigercharme bewahrt

ganz besonderes Erlebnis mit prächtigen Kostümen und spektakulären Bühnenbildern sind die 🚩 Travestierevues von *Tiffany's Show (bei Redaktionsschluss vorübergehend geschl. | Eintritt 800–1200 Baht | 464 Pattaya 2nd Road | Tel. 0 38 42 17 00 | tiffany-show.co.th)* und im *Alcazar (Eintritt ab 900 Baht | 78/14 Pattaya 2nd Road | Tel. 03 84 10 22 47 | Facebook: @alcazar cabaretshow)*.

RUND UM PATTAYA

1 KO SAMET

Ca. 80 km / 1 ¾ Std. mit Minibus plus 6 km / 30 Min. Fähre ab Ban Phe

Die knapp 20 km² große Insel Ko Samet schwimmt südöstlich von Pattaya im Golf von Thailand und ist Teil eines Meeresnationalparks *(Eintritt 200 Baht)*. Mit ihren schönen Sandstränden wie der 🌴 *Wong Deuan Bay* lockt sie an Wochenenden massenhaft Besucher aus Bangkok an: insgesamt 14 kleine Buchten. Auf Lärm von Booten und Jetskis sollte man gefasst sein, zu den ruhigeren Stränden bzw. Buchten gehören *Lung Wang Bay, Lung Dam, Tubtim* und *Wai*. Es gibt viele sehr unterschiedliche Bungalowanlagen. *Minibusse fahren für ca. 400 Baht zum Fischerdorf Ban Phe | Fähre 50–100 Baht |* 📖 *E10*

2 CHANTHABURI ⭐

170 km / ca. 2 Std. von Pattaya (Auto)

Die Provinzhauptstadt (40 000 Ew.) südöstlich von Pattaya ist berühmt für ihre Saphire und Rubine: Den Edelsteinschleifern und -händlern kannst du auf dem Juwelenmarkt bei der Ar-

OSTKÜSTE

beit zuschauen. Die Minen hier sind ausgebeutet, viele Steine kommen heute aus Kambodscha. Sehenswert ist auch die landesweit größte Kathedrale *Notre-Dame* im französischen Stil. Ende des 19. Jhs. emigrierten vietnamesische Christen nach Chanthaburi und brachten den kolonialen Baustil mit, der an vielen Häusern zu sehen ist. Auf einer Tagestour wird meist ein Zwischenstopp im Bergkloster *Wat Kao Sukim* und am Wasserfall im *Khitchakut-Nationalpark* eingelegt. *Tour ab Pattaya inkl. Mittagessen ab ca. 50 Euro | F10*

3 KO LARN

7 km / 15 Min. von Pattaya (Speedboat)

Die nur 4 km² große, beliebte Ausflugsinsel liegt nicht weit vor Pattaya. Hier gibt es weiße Sandstrände und sauberes Wasser, aber auch viel Rummel. Touren mit Ausflugsbooten bietet jedes Reisebüro an. Speedboote flitzen für 300–400 Baht pro Person rüber.

INSIDER-TIPP: Mit den Locals Fähre fahren

Die reguläre Fähre vom Bali-Hai-Pier in Südpattaya kostet nur 30 Baht. *D10*

4 KHAO KHEOW OPEN ZOO

50 km / ca. 45 Min. von Pattaya (Auto)

Dieser Freiluftzoo unter der Patronage des Königshauses gilt als vorbildlich. Rund 8000 Tiere, von Flusspferden über Löwen bis zu Orang-Utans, leben in dem riesigen Dschungelpark nördlich von Pattaya so naturnah wie möglich. Und im *Children's Zoo* warten viele Klein- und Jungtiere auf Besucher, außerdem gibt es Nachtsafaris, Elefantenreiten und Kutschfahrten – das volle Bespaßungsprogramm an sicherlich kinder-, aber nicht immer so ganz tierfreundlichen Interaktionen. *Fr–Mi 8–17, Do 10–17, Nachtsafari 19 Uhr | zig verschiedene (Kombi-)Preise (ab 250 Baht, Kinder ab 100 Baht) und Touren im Angebot, auch mit Übernachtung, inkl. Abholservice aus Pattaya | khaokheow.zoothailand.org | journeytothejungle.com | 2–4 Std.*

KO CHANG

(F11) **Wild und verlockend, das ist ★ Ko Chang, eine Dschungelinsel mit bis zu 744 m hohen Gipfeln, ein paar Fischerdörfern und palmenbestandenen Stränden.**

War sie in den 90er-Jahren noch ein Geheimtipp unter Rucksacktouristen, herrscht heute mancherorts Jahrmarkttrubel – vor allem Thais, Chinesen und Russen schwören auf Ko Chang (154,8 km²). Und trotzdem: Im Dschungel im Inselinnern tummeln sich noch Makaken, Nashornvögel, Rehwild, Pythons und Königskobras. Entweder man verweilt an einem der schönen Westküstenstrände (die Ostküste präsentiert sich eher felsig und rau), oder man inselhüpft gleich weiter durch den gleichnamigen Archipel: ganze 45 Inselalternativen! Urlaubsrobinsonaden sind z. B. möglich auf *Ko Wai, Ko Mak* und *Ko Kut*.

Die meisten Ferieninsulaner reisen mittlerweile über die beiden großen Piers *Ao Thammachat* und *Center*

KO CHANG

Point, ca. 15 km westlich von Laem Ngob, nach Ko Chang (45 Min.) und von hier weiter auf die anderen Eilande. Fährverbindungen findest du unter *kohchangferries.com*.

SIGHTSEEING

Ko Chang liegt in einem Meeresnationalpark, und die Natur ist immer noch die größte Attraktion der Insel. Gut zu wissen für Ruhesuchende: Wegen des Naturschutzes sind hier keine Jetskis erlaubt!

Im Dschungel können sich müde Wanderer an mehreren Wasserfällen erfrischen. Am schönsten ist der dreistufige *Than Mayom (Eintritt 200 Baht)* an der Ostküste nahe dem Hauptquartier der Parkverwaltung. Wasserreich über drei Stufen rauscht er aber nur in der Regenzeit oder kurz danach in die Tiefe. Das gilt auch für den *Klong Plu (tgl. 8–17 Uhr | Eintritt 200 Baht)* im Hinterland des Klong Phrao Beach, der über einen ansteigenden 800-m-Pfad (ca. 20 Min.) am leichtesten von allen Kaskaden zu erreichen ist. Das Fischerdorf *Bang Bao* an der Südküste der Insel wurde auf Pfählen ins Meer gebaut. Lass dir dort frischen Fisch in einem der Freiluftrestaurants direkt am Wasser schmecken!

ESSEN & TRINKEN

Die meisten Restaurants konzentrieren sich am White Sand Beach. Der Strand verwandelt sich abends in einen Grillplatz: Die Resorts rollen für ihre Gäste Matten aus und stellen Tische in den Sand. Eine gute und günstige Option ist das von Bäumen beschattete *Sangtawan (€–€€)*.

PAUL'S

Hier fängt der Tag bei einem guten Frühstück mit Aussicht auf der Terrasse hoch über dem Meer an und endet beim Sonnenuntergang und bei Klassikern vom Wiener Schnitzel bis zum grünen Thai-Curry. Ein Kindermenü gibt es auch. *24/45 Moo 4 White Sand Beach | Tel. 03955 13 64 | topresort-kohchang.com | €–€€€*

STRÄNDE

WHITE SAND BEACH (SAI KAO BEACH) 🌴

Der White Sand Beach im Norden ist der Hauptstrand der Insel: ein schmaler, 2,5 km langer Streifen Flachland zwischen Dschungelbergen und dem Meer, das hier selbst bei Ebbe nicht ganz so seicht ist wie an den Stränden weiter südlich. Die trubelige Beachroad ist zugebaut mit Resorts, Kneipen, Shops und Reisebüros.

KLONG PHRAO BEACH

Der mit knapp 6 km längste Strand fällt nur ganz flach ins Meer ab. Hier findet man die weitläufigsten Resorts der Insel – alle sehr ruhig, da sie abseits der Hauptstraße liegen. Auch hier wird kräftig an der touristischen Infrastruktur gebaut.

KAI BAE BEACH

Der fast 2,5 km lange, zum Teil mit Steinen durchsetzte Strand gilt als der naturbelassenste der Insel. Landeinwärts lockt eine Fußgängerzone (Wal-

OSTKÜSTE

king Street) mit Shops und Bars und am südlichen Ende der Bucht ein toller Aussichtspunkt.

LONELY BEACH (THA NAM BEACH)

Viele Steine, nur ein paar Hundert Meter Sand, aber ein Platz mit Chill-out-Kneipen für Rucksacktouristen, die die Hippiezeit nachholen, und den günstigsten Unterkünften der Insel. Man sollte sich beeilen, die ersten Luxusresorts haben auch hier schon eröffnet. Der Ort *Bailan* empfängt die Durchreisenden mit seinem Schilderwald: Pizza, Tattoo, Herbal Sauna, Full-Moon-Party …

SPORT & SPASS

Tauchen wird immer beliebter, und auch Schnorchler können mit an Bord gehen, wenn die Tauchboote ablegen. Kajaks bekommt man an den Stränden zur Miete. Kreuzfahrten zu den umliegenden Inseln und Trekkingtouren in den Dschungel kannst du bei jedem Reisebüro buchen.

Im abgelegenen Dorf *Salak Khok* an der Ostküste setzen sich die Bewohner für den Erhalt des Mangrovendschungels ein. Ein *Mangroven-Lehrpfad (1,5 km | Eintritt frei)* mit englischsprachigen Hinweisschildern führt durch dieses faszinierende Ökosystem. Paddel doch mal eine Runde auf den Spuren der Schlammspringer (einer Mischform aus Fisch und Amphibien) im Kajak durch die Mangrovenkanäle, an denen die Bäume auf ihren spindeldürren gespreizten Wurzeln stehen – und damit für den Erosionsschutz an der

INSIDER-TIPP
Stille Idylle für Naturfans

Sandstreifen zwischen Dschungel und Meer: White Sand Beach

RUND UM KO CHANG

Schnorchel mal wieder – einfach nur schön bei Ko Chang

Küste und die Küstenbewohner lebenswichtig sind *(Kajak 200 Baht pro Stunde)*. Im *Tree Top Adventure Park (bei Redaktionsschluss vorübergehend geschl. | Facebook: @TreeTopAdventurePark)* im Inselinnern geht es dagegen an Seilen oder auf Hängebrücken hoch in die Baumkronen.

AUSGEHEN & FEIERN

Ein paar witzige Strandbars am White Sand Beach und am Lonely Beach machen erst zu, wenn der letzte Gast geht. Lichterketten, die um Büsche und Palmen geschlungen sind, sorgen hier für eine stimmungsvolle Atmosphäre, Feuerakrobaten für Gänsehaut. Beliebte Treffs sind z. B. die *Sabay Bar* (Vollmondpartys, Livemusik) und *Oodie's Place* (Livemusik) gegenüber. Logenplatz für einen Sundowner ist die Restaurantterrasse des *Rock Sand Resort* auf der Felsnase am nördlichen Ende des White Sand Beach. Gediegen geht es zu in der angesagten Cocktail-Strandbar *Mojito Lounge* mit Dancefloor am Kai Bae Beach. Der Lonely Beach mit seiner Backpackerszene ist der Partystrand von Ko Chang. Wer nachts gern feiert, ist hier richtig.

RUND UM KO CHANG

5 KO KUT

ca. 40 km / ca. 1 ½ Std. von Ko Chang (Boot/Speedboat)

Der Newcomer unter den Badeinseln im Golf: Das viertgrößte thailändische Eiland liegt an der Grenze zu Kambodscha und ist bergig und wild. Rund zwei Drittel der früheren Piraten- oder Schmugglerinsel sollen noch mit dichtem Dschungel bewachsen sein,

OSTKÜSTE

z. B. mit 200 Jahre alten Baum-Methusalems, den *sai yai* oder *makka trees* mit ihren meterhohen Banyan-Brettwurzeln.

An der Westküste, wo übrigens auch die deutsche Komödie „Türkisch für Anfänger" gedreht wurde, reiht sich ein schöner Strand an den nächsten. Der mit 1 km goldgelber Sandpiste längste Strand ist die *Tapao Bay* mit eigenem Bootspier. Der beliebteste Strand ist der von Palmen und Kasuarinen überschattete *Klong Chao Beach,* wo in noch überschaubarer Anzahl Luxusherbergen eröffnet haben. Auf den Spuren von König Rama VI. zieht es viele Ausflügler zu Fuß oder per Kajak ins Inselinnere an den *Namtok Klong Chao:* eine 10 m hohe Kaskade mit großem Badepool in bester Dschungelbuchkulisse. *Boote fahren ab Trat über Ko Chang oder über das bzw. vom näher gelegenen Ko Mak (ca. 1–2 Std. | Speedboat ca. 600–900 Baht | kochangboat.com)* | F11

SCHÖNER SCHLAFEN AN DER OSTKÜSTE

KEINE WÜNSCHE OFFEN

Eine Luxusenklave voller verrückter Ideen ist das *Soneva Kiri (42 Villen | Mobiltel. 08 22 08 88 88 | soneva. com | €€€)* an der äußersten Nordspitze von Ko Kut. Im *The Dining Pod* – in der Baumgondel 5 m hoch im Dschungel versteckt – serviert die Speisen ein „fliegender" Kellner. Ebenfalls einzigartig: das Open-Air-Kino mit *Popcorn & Cocktails in the jungle,* das Planetarium mit hauseigenem Astrologen und der eisgekühlte *Chocoholic Room* mit Bergen von Pralinen – da will man nie wieder abreisen! Aber eigentlich zählt nur der unvergleichliche Service, der manchmal geradezu unheimlich daherkommt: Denn nicht nur die „Ms. and Mr. Friday"-Butler, nein, alle Angestellten wissen durch bloßen Blickkontakt, was man möchte – oft, bevor man es selber weiß. Das Soneva-Motto: *No news, no shoes.* Hier herrscht also legere Atmosphäre, wo selbst die Manager barfuß laufen, wie übrigens alle guten Geister sogar auf dem hauseigenen Rollfeld. Denn selbstverständlich reisen die Gäste mit der Cessna auf der benachbarten Landeinsel an. Na, Hauptsache, der Pilot trägt Schuhe …

DER SÜDEN

VERBOTEN SCHÖN!

An den Stränden und vor allem auf den Inseln des Golfs von Thailand und der Andaman-See werden für Besucher aus aller Welt Urlaubsträume wahr.

Die Natur hat es gut gemeint mit den Thais im Süden. Die Fische im Meer, der fruchtbare Boden und die darin verborgenen Schätze, wie das Zinn, oder ein Meer aus Kokospalmen bescherten zahlreichen Menschen in der Region ein sorgenfreies Dasein, manchen sogar Reichtum. Heute haben viele Fischer das Netz mit dem Cocktailsha-

Inselhopping – oder einfach dableiben? Nang Thong Beach in Khao Lak

ker getauscht, man beglückt die Urlauber mit Hochprozentigem in der Beachbar, mit Feuerartistik und Travestieshows. An Unterhaltung mangelt es hier also nicht, dabei würde allein die landschaftliche Kulisse allemal ausreichen: Ob die geheimnisvollen Inselberge in der Phang-Nga-Bucht, Krabis sagenumwobener Küstenstrich oder das atemberaubende Ko Phi Phi – manch einer vergisst hier vor lauter Staunen sogar das Selfie. Ausführliche Informationen findest du in den MARCO POLO Reiseführern „Phuket", „Krabi" und „Ko Samui".

DER SÜDEN

Andaman Sea

คุระบุรี
Khura Buri

ตะกั่วป่า
Takua Pa
3 Altstadt von Takua Pa

4 Khao-Sok-Nationalpark ★

ประเทศไทย
THAILAND

Bang Niang Beach
เขาหลัก
Khao Lak
S. 106

80 km, 1 ½ Std

พังงา
Phang Nga

โคกกลอย
Khok Kloi

เขา พนม
Khao Phanom

2 Bucht von Phang Nga ★

เกาะยาว
Ban Ko Yao

Railay Beach

กระบี่
Krabi
S. 108

157 km, 2 ½ Std

ภูเก็ต
Phuket ★
S. 100

Ton Sai Bay — Lo Dalam Bay

5 Ko Jum ★

1 Ko Phi Phi ★

Maya Bay

เกาะลันตา
Ko Lanta ★
S. 110

20 km
12.43 mi

MARCO POLO HIGHLIGHTS

★ **PHUKET**
Wo sich Promis und Urlauber aus aller Welt treffen: Thailands Zentrum des Tauchtourismus mit tollen Stränden und besten Ausblicken vom Big Buddha und vom Leuchtturm auf dem Kap Promthep ➤ S. 100

★ **KO PHI PHI**
Spektakulär und absolut filmreif: Phi Phi Don und Phi Phi Le sind Thailands schönste Inseln ➤ S. 104

★ **BUCHT VON PHANG NGA**
Rundherum traumhaft: Felsenberge, Tropfsteinhöhlen und ein Pfahldorf im Meer ➤ S. 105

★ **KHAO-SOK-NATIONALPARK**
Einmalige Naturerlebnisse und Abenteuersport in einer urtümlichen Dschungelwelt ➤ S. 108

★ **KO LANTA**
Viel Strand für alle – je weiter südlich, desto ruhiger ➤ S. 110

★ **KO JUM**
Auf der Mini-Dschungelinsel würde man gern die Zeit anhalten ➤ S. 112

★ **KO SAMUI**
Schlemmen und Sport, Clubbing und Chillen auf der Insel der Kokospalmen ➤ S. 112

PHUKET

(B15-16) ★ **Kein Wunder, dass Phuket (500 000 Ew.) zu Asiens Urlaubsinsel Nummer eins geworden ist. Wo gibt es schon so viele Superlative auf einmal?**

Mit 543 km² die größte Insel Thailands. Ein wahrer Besuchermagnet mit Abermillionen Touristen. Topstrände im Dutzend. Die wohl größte Dichte an Restaurants, Bars, Tauchschulen und First-Class-Herbergen. Und trotz allem: ein letzter Rest Urwald.

SIGHTSEEING

PHUKET TOWN

Im Zentrum der attraktiven Stadt (60 000 Ew.) stehen noch viele Villen und alte Geschäftshäuser im sinoportugiesischen und Tempel im chinesischen Stil, die an die vergangene Zeit der Kautschuk- und Zinnbarone erinnern. Die sorgfältig restaurierten Ladenzeilen in der *Krabi Road,* Ecke Satun Road, und der große taoistische Tempel *Bang Niaw* in der Phuket Road vermitteln einen guten Eindruck vom damaligen Wohlstand. ⊙ *ca. 2–3 Std.*

WAT CHALONG

Noch ein buddhistischer Tempel – aber was für einer! Der größte und meistbesuchte Wat auf Phuket zieht die Thais in Scharen an, besonders an Feiertagen erlebst du hier Buddhismus und Volksglauben in Reinkultur – mit Knallkörpern, Wahrsagestäbchen und Goldpapier in rauen Mengen. *Tgl. 6–17 Uhr | Eintritt frei | Chalong | 8 km*

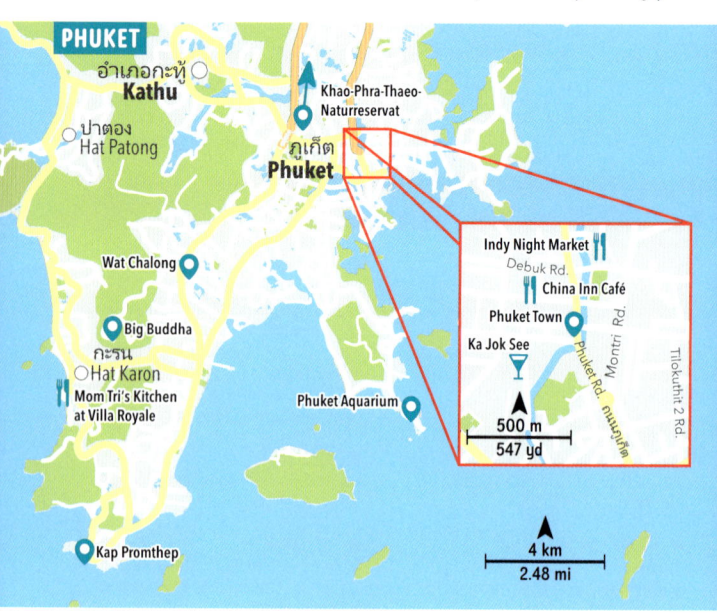

DER SÜDEN

An Feiertagen kommen alle hierher: Wat Chalong

südlich von Phuket Town, zu erreichen über Nationalstr. 4021 | ⊙ 1 Std.

BIG BUDDHA

Der 45 m hohe Buddha auf dem Berg Khao Nakkerd ist der höchste Thailands und das neue Wahrzeichen der Insel. Irgendwo wird zwar immer weiter gewerkelt und gebaut, aber das tut dem Vergnügen mit Weitblick über die Ostküste keinen Abbruch. *Eintritt frei | kurz hinter Chalong an der Straße zum Flughafen (ausgeschildert)* | ⊙ *30 Min.*

PHUKET AQUARIUM

Haie, riesige Barsche, kleine Fische – und du bist mittendrin (im Glastunnel)! Die Tier- und Pflanzenwelt aus den Gewässern um Phuket ist hier aus nächster Nähe zu sehen. *Eintritt 180 Baht, Kinder 100 Baht | südöstlich von Phuket Town/Kap Phan Wa | phuketaquarium.org |* ⊙ *1–2 Std.*

KAP PROMTHEP

Am südlichsten Punkt der Insel machen Busladungen von Touristen Fotojagd auf die untergehende Sonne. Besser ist es, hinauf ins *Promthep Cape Restaurant (Tel. 0 76 28 80 84 | €€)* zu gehen und die Aussicht zu genießen. Den besten Rundblick hat man vom Leuchtturm *(Eintritt frei)* auf dem Kap. ⊙ *1 Std.*

KHAO-PHRA-THAEO-NATURRESERVAT

Der letzte Rest ursprünglichen Dschungels im Norden der Insel. Ein Wanderpfad ab Eingang Bang Pae führt zu Wasserfällen. Im *Gibbon Rehabilitation Center (So–Fr 9–16.30, Sa 9–15 Uhr | Eintritt frei, Spende er-*

wünscht | gibbonproject.org) werden als Haustiere missbrauchte Gibbons auf ein Leben in Freiheit vorbereitet. Tolles dschungeliges Thai-Lokal. *Tgl. 8–17 Uhr | Eintritt 200 Baht | thainationalparks.com |* ⊙ *2–4 Std.*

ESSEN & TRINKEN

CHINA INN CAFÉ

Phuket-Kenner schwören auf das Lokal – eine üppig-grüne Oase zum Luftholen im Trubel von Phuket Town. In dem stilvoll restaurierten Stadthaus mit Innenhof schmecken Thai-Küche und Cappuccino besonders gut. Aber der Hit sind die leckeren Smoothies und gesunden Säfte, die in allen Regenbogenfarben daherkommen. *Di geschl. | 20 Thalang Road | Mobiltel. 08 19 79 82 58 | Facebook: chinainnphuket | €€*

INSIDER-TIPP
Trink dich gesund!

INDY NIGHT MARKET

Kunterbunt ist dieser Nachtmarkt (*Lard Ploy Khong Market*) in Phuket Town: Biergartenatmosphäre bei Livemusik, Smoothies und 1001 verführerische Essensstände mit spottbilligen *phat thai*-Nudeln, Fleischspießen, Bratnudeln, Fishcakes usw. Unbedingt mal den süßen Klebreis mit Mango *(khao niau mamuang)* probieren! Man kann auch zwischen Modeschmuck, Flipflops und jeder Menge Schnickschnack stöbern. Ein weiterer größerer Markt findet jeden So 14–23 Uhr in der Thalang Road (*Lard Yai, Sunday Walking Street*) statt. *Mi–Fr 16–22.30 Uhr | New Dibuk Road/Limelight Av.*

INSIDER-TIPP
Süß-sauer-scharf: Streetfood-Paradies

MOM TRI'S KITCHEN AT VILLA ROYALE

Hoch über dem Meer zwischen Kata und Kata Noi wird eine köstliche Kombination von thailändischer und mediterraner Küche serviert. *12 Kata Noi Road | Tel. 0 76 33 35 68 | villaroyalephuket.com | €€€*

SHOPPEN

Das größte Shoppingcenter der Insel ist das *Jungceylon* (jungceylon.com) mit einem Kaufhaus, vielen Läden und Restaurants am Patong Beach. Ein weiteres großes Einkaufszentrum, das *Central Festival* (centralfestivalphuket.com), liegt an der Straße von Phuket Town nach Patong.

STRÄNDE

Der am besten erschlossene Strand auf Phuket ist der *Patong Beach*. Mit seinen Hotelburgen ist er aber auch ein echter Rummelplatz inklusive Jetskis und Parasailing. Nicht ganz so lebhaft geht es an den Stränden von *Karon* (lang, breit, schattenlos) und den beiden eher familientauglichen *Kata*-Stränden (Kata Yai und Kata Noi) zu. Relativ ruhig sind auch die Ministrände von *Ao Sane* (versteckt hinter einer Hoteldurchfahrt bei Rawai) und *Nai Harn* (am Laem Phromthep).
Dann folgen hinter Patong von Süd nach Nord die langen Strände von *Kamala, Surin, Pansea* und der schier

endlose *Bang Tao* (viele Luxushotels und Top-End-Ferienanlagen sowie gehobene Beachbars). Je weiter nördlich, desto idyllischer wird es: etwa am *Nai Thon* oder an den beiden kilometerlangen Nationalparkstränden *Nai Yang* und *Mai Khao,* die von November bis Februar zum Nistgebiet von Meeresschildkröten zählen (ebenfalls große Nobelhotelketten).

SPORT & SPASS

Von Kanutouren über Wakeboarding bis zu (den gefährlichen) Jetskis und Parasailing über dem Meer gibt es auf der Insel alle Arten von Wassersport. Phuket ist Thailands Zentrum für Tauchtourismus, da die Wasserqualität in der Andaman-See generell besser ist als im Golf *(tauchbasen.net).*
Im 2022 eröffneten, riesigen *Andamanda Waterpark* (Kathu | tgl. 10–19 Uhr | Eintritt 1500 Baht, Kinder 1000 Baht | andamandaphuket.com) kannst du über gigantische Rutschen gleiten, wellenreiten und am Strand oder in überdimensionalen Schwimmreifen faulenzen.
Vergleichsweise meditativ geht es zu beim Minigolf (Patong, Kata), Golfen (mehrere Plätze), Schießen und Reiten (Chalong).

DINO PARK

Für Dinofans: Auf dieser phantastisch gestalteten Minigolfanlage mit künstlichem Vulkan säumen Saurier den Kurs auf Schritt und Tritt. Man braucht nicht viel Vorstellungskraft, um sich in der Urzeit zu wähnen. *Tgl. 10–23 Uhr (Vulkan erglüht nur bei Dunkelheit)* | *Eintritt 240 Baht, Kinder 180 Baht | Karon Beach | Phuket | dinopark.com*

AUSGEHEN & FEIERN

Der Patong Beach mit unzähligen Bars ist die Hochburg des Nachtlebens. Opulente Travestieshows zeigt das *Phuket Simon Cabaret (600–1000 Baht | simoncabaretphuket.com).* Eine Disko mit Klasse ist *Seduction (seductiondisco.com).* Der gigantische Themenpark *FantaSea (Mi, Sa 17.30–22.30 Uhr | Eintritt ab 1800 Baht, lange Schlangen! | phuketfantasea.com)* am Kamala Beach lockt mit seinem märchenhaften Kostümspektakel. Geradezu bombastisch ist die Fol-

Adrenalin mit Ansage beim Wakeboarding auf Phuket

kloreshow mit Museumsdorf im *Siam Niramit Phuket (Eintritt ab 1500 Baht | Chalermprakiet Road (Bypass Road) | siamniramitphuket.com)*. In Phuket Town ist das *Timber Hut (118 Yaowaraj Road)* ein angesagter Treff mit guter Livemusik.

KA JOK SEE
Let's eat and party bei Khun Lek und seinen tanzenden Kellnern in diesem kultigen Szenelokal. Die Thai-Küche *(all you can eat)* ist hervorragend. Zu späterer Stunde verwandelt sich das alte Stadthaus in einen Nightclub inklusive Schampus, roter Rosen, Transvestiten und anderer Überraschungen, bis selbst der eine oder andere Gast auf den Tischen tanzt. Der Spaß hat seinen Preis, es ist mit mindestens 2000 Baht pro Kopf zu rechnen. Reservierung empfohlen! *Phuket Town | 26 Takua Pa Road | Tel. 076 21 79 03, Mobiltel. 09 50 32 71 12 | Facebook: @kajoksee | €€€*

RUND UM PHUKET

1 KO PHI PHI ★
ca. 40 km / ca. 1–2 Std. (je nach Bootsart und Abfahrtspier)

Ein Dschungelberg im azurblauen Meer, hohe Kalksteinklippen und schneeweiße Strände – das ist Ko Phi Phi. Ein Sehnsuchtsort wie aus dem Bilderbuch. Das erkennt man spätestens aus der Vogelperspektive, wenn man zum *Viewpoint* 200 m über dem Meer hochgeklettert ist und die Augen über die wunderschönen Hauptstrände *Lo Dalam Bay* und *Ton Sai Bay* schweifen lässt.

Unten an den Stränden geht es vom Sonnenbaden gleich über zum Sunset-Blitzlichtgewitter und dann zur Party mit Fireshow. Nur einmal wurde die Dauerfiesta jäh unterbrochen: Der Tsunami 2004 verwandelte das Inseldorf *Ton Sai Village* in ein Trümmerfeld. Aber inzwischen ist wieder alles da – Bungalows, Kneipen, Shops, Tauchbasen, die Partymeile –, und es ist voller denn je, was für die Umwelt fatale Folgen hat. Nach Phi Phi schippern in der Saison unzählige Tagestouristen von Phuket und aus Krabi – stell dir eine ganze Armada aus Kuttern, Fähren, Longtailbooten und Yachten in einer Art Regatta vor.

Aber ganz im Ernst: Wer Phi Phi genießen will, kommt zweifellos einige Jahrzehnte zu spät und muss sich diese Inselschönheit nun mit Abertausenden Urlaubern aus aller Welt teilen. Sie strömen ins Dorf auf der Hauptinsel *Ko Phi Phi Don,* schnorcheln im glasklaren Wasser und bestaunen das unbewohnte, dramatisch schöne *Ko Phi Phi Le,* die kleinere Schwesterinsel: Hier in der bezaubernden *Maya Bay* stapfte Leonardo DiCaprio im Film „The Beach" durch Puderzuckersand. Umweltschützer und Wissenschaftler hatten gefordert, die Maya Bay für Touristen zu schließen, damit sich die Natur erholen kann, und so war 2018–22 Schluss mit lustig. Jetzt ist die Traumbucht wieder geöffnet, aber das Baden bleibt weiter verboten. *B16*

DER SÜDEN

Zeit für eine Erfrischung im kristallklaren Wasser vor Ko Phi Phi

2 BUCHT VON PHANG NGA ★

ca. 50 km / ca. 1 ½–2 Std. (Auto und Longtailboot)

Bizarr geformte Kalksteinfelsen ragen bis zu 300 m hoch aus der südlichen Andaman-See, wo das Meer mit Inseln in allen Größen und Formen übersät ist. Berühmt ist *James Bond Island (Ko Tapu):* Hier wurde 1974 eine Szene für „Der Mann mit dem goldenen Colt" gedreht. 1997 kehrte 007 in die Phang Nga Bay zurück, die diesmal als Double für die Ha-Long-Bucht in Vietnam dienen musste, für den Film „Der Morgen stirbt nie".

Auf jedem Programm der als Meeresnationalpark geschützten Bucht steht außerdem das zeitweise (vor allem mittags!) recht überlaufene muslimische Insel-Pfahldorf *Ko Panyi*. Souvenirs gibt es hier selbstverständlich auch. Doch das absolute Highlight sind die Kanutouren in die *Hongs,* die sich hinter den hohen Wänden der Inselberge verstecken und nur aus der Luft zu sehen sind: eine kreisrunde, türkis schimmernde Lagunenwelt mit Mangrovenwald wie aus einem Fantasyfilm, bezaubernd und geheimnisvoll. Nur Eingeweihte, wie die Tourführer, kennen die Gezeiten, an denen sich diese Sesam-öffne-dich-Juwelen erreichen lassen – dabei geht es durch unterirdische Tropfsteinhöhlen wie durch natürliche Tunnel, und nur für wenige Stunden, dann schließt die Flut diese Grotten wieder wie von Geisterhand. Touren in die traumhafte Bucht bietet jedes Reisebüro an, per Kanu oder Dschunke *(z. B. June Bahtra ab der Marina in Phuket, asian-oasis. com),* oder du charterst privat ein Longtailboot *(ab Tha-Dan-Pier bei Phang Nga City | ca. 1500 Baht für 2–3 Std. oder länger, handeln!).* Nationalpark in der Regenzeit 16. Mai–14. Okt. geschl. | Eintritt 300 Baht | thainationalparks. com | ⏱ ca. 5–8 Std. | 📖 B15

KHAO LAK

(▯ A15) **Lust auf Beach- und Inselhopping? Der Küstenstrich bei Khao Lak steht wie kein anderer für endlos lange, palmengesäumte Strände.**

Auf ca. 12 km Länge lockt ein goldgelber Sandkasten nach dem anderen: strophe erinnern ein an Land gespültes *Marinepolizeiboot (Hauptstr. am Bang Niang Beach)* und ein riesiges internationales *Tsunami-Memorial (Eintritt frei | ca. 25 km nördlich von Khao Lak | ⊙ 1 Std.)* in Ban Nam Khem. Im Rekordtempo wurde die Urlaubsregion wiederaufgebaut. Für die Sicherheit der Urlauber sorgen heute Warnsirenen, Rettungstürme und Eva-

Richtig schön: Unterwasserwelt der Similan-Inseln

Khao Lak, auch bekannt als *Sunset Beach, Nang Thong Beach,* ⚓ *Bang Niang Beach* und *Khuk Kak Beach*. Nicht zu vergessen: die vorgelagerten, noch immer ziemlich ursprünglichen Inseln.

Die Tragödie, die Weihnachten 2004 ihren Schatten auf das Paradies warf, scheint überwunden. Khao Lak wurde damals von der Tsunami-Flutwelle besonders hart getroffen. Heute floriert der Badeort mehr denn je, was auch am nur 80 km entfernten Flughafen auf Phuket liegen mag. An die Kata- kuierungsschilder. Die Nationalstraße 4 verläuft parallel zum Uferstreifen mit den schönen, durchweg teuren Hotels. Entlang der Straße reihen sich Tauchshops, Restaurants und Läden mit allem, was das Urlauberherz begehrt – vom neongrünen Cocktail bis zur rosaroten Smartphonehülle.

Wer hier einmal ein paar Tage ins thailändische Landleben eintauchen will, kann bei den Moken, einem halbnomadischen Fischervolk, auf der vorgelagerten Insel *Ko Phra Thong* im Dorf *Tung Dap* im preisge-

DER SÜDEN

krönten Homestayprojekt *(andamandiscoveries.com)* vorbeischauen und mit anpacken, etwa beim Bau von Krabbenfallen.

ESSEN & TRINKEN

KHAOLAK SEAFOOD FAMILY HOUSE
Dass das Family House eigentlich auch Bungalows vermietet, fällt beinahe unter den Tisch, wenn man die leckeren Fischgerichte auf dem Teller hat. *Nang Thong Beach | Tel. 0 76 48 53 18 | khaolakseafood.com | €€*

SMILE
Die kleinen, palmblattgedeckten Pavillons im Sand unter Kasuarinenbäumen sehen schon mal sehr einladend aus, geradezu romantisch mit Sonnenuntergangsblick. Und das Essen? Ordentliche Hausmannskost à la thai, Preis und Leistung stimmen. *Nang Thong Beach | neben dem Sarojin Hotel | Ban Khuk Khak | Mobiltel. 08 17 37 11 65 | Facebook: smile beachresortkhaolak | €€*

TIFFY'S CAFÉ
Spätzle & Co.: Schon ewig etabliertes thai-deutsches Open-Air-Barlokal, wo die Currys schmecken, wie sie schmecken sollen, Gulasch, Rouladen und das Wiener Schnitzel auch! *Hauptstraße, gegenüber Abzweig zum Nang Thong Beach | Tel. 0 76 48 54 40 | €–€€*

SPORT & SPASS

Eines der weltbesten Tauchreviere liegt nur 50 km entfernt: Zu den *Similan-Inseln* gelangst du vom *Tap-Lamu-Pier* südlich von Khao Lak. Auch die weiter nördlich gelegenen, exzellenten Tauchgründe rund um die *Surin-Inseln* (60 km zum Festland) sind von Khao Lak aus schnell zu erreichen. Infos rund ums Tauchen: *short.travel/tai14*.

Touren zu Inseln, Höhlen und Wasserfällen im Dschungel, wie dem 200 m hohen *Chong Fah* im *Lamru-Nationalpark* (tgl. 8–16.30 Uhr | Eintritt 100 Baht | *thainationalparks.com*), kann man in Reisebüros buchen. Am besten nimmst du zu dieser schönen Kaskade das (Miet-)Rad vom Hotel – dann ist die Belohnung im Badepool umso erfrischender! Natürlich erst, nachdem du auch die fünf Etagen erklommen hast (mit festen Schuhen bzw. mit Trekkingsandalen).

INSIDER-TIPP: Dschungelpflanzen entdecken

Auf einem 4 km langen Dschungelpfad ab dem Chong-Fah-Wasserfall sind „schmarotzende" Epiphytenpflanzen, gigantische Banyanbäume und Rattanpalmen zu sehen (ca. vier Stunden, mehr sieht und hört man mit einem guten Guide).

Am Bang Niang Beach gibt es eine *Minigolfanlage (Abzweigung von der Hauptstr. nach dem Tsunami-Museum)*.

AUSGEHEN & FEIERN

Das Nachtleben beschränkt sich meist auf die Betrachtung des Sternenhimmels. Wer Party sucht und um die 20 ist, tanzt mit den Thais in der *Build Factory* (tgl. 18–2 Uhr | *Bang Niang Beach*), dem einzigen Nightclub in

Khao Lak, in dem es normalerweise erst nach Mitternacht so richtig losgeht. In der urigen *Monkey Bar (Bang Niang Beach)* und im *Happy Snapper (tgl. ab 22 Uhr | Nang Thong Beach)* gibt es Livemusik. Das *Moo Moo Cabaret (tgl. 21.45, Mo, Mi, Do, Sa auch 19.15 Uhr)* ist zwar ein paar Nummern kleiner als die Travestieshows in Phuket oder Pattaya, aber dafür kostet der Eintritt auch nur 300 Baht.

RUND UM KHAO LAK

3 ALTSTADT VON TAKUA PA

25 km / 30 Min. von Khao Lak (Auto/Sammeltaxi)

Eine halbe Autostunde nördlich von Khao Lak liegt das kleine Städtchen Takua Pa. Es ist zweigeteilt in die geschäftige Neustadt mit einem großen Markt und die verschlafene Altstadt, die an die große Vergangenheit des Orts erinnert. Während des Zinnbooms im 19. Jh. war Takua Pa sogar einmal Provinzhauptstadt. An vielen alten Gebäuden sind noch heute die chinesischen und sinoportugiesischen Baustile zu sehen. Die Altstadthäuser künden vom einstigen Reichtum, auch wenn der Zahn der Zeit schon arg an ihnen genagt hat. ⏱ *ca. 2 Std.* | 🕮 *B14*

4 KHAO-SOK-NATIONALPARK ★

90 km / 1 ½ Std. von Khao Lak (Auto)

Das reinste Dschungelcamp, spektakulär und abenteuerlich, und eine Art Überlebenstraining: Mal ehrlich, kommst du ein paar Tage ohne WLAN aus? Der Nationalpark nordöstlich von Khao Lak mit seinen 60 Mio. Jahre alten Kalksteinriesen, Tropfsteinhöhlen und Wasserfällen ist der älteste Urwald der Welt! Das allgegenwärtige Summen der Zikaden – mit einer Lautstärke von bis zu 120 Dezibel – klingt wie ein endlos pfeifender Wasserkessel, und wer Glück hat, hört die heulenden Liebesrufe der Gibbons in der Morgendämmerung. Hier können sich alle mal so richtig austoben: Aktivitäten wie Tubing, Kajaktouren oder Rafting kitzeln die Abenteuerlust. Tagestouren werden überall in Khao Lak angeboten. Oder mach eine Tour (s. S. 124) in den „Dschungel der Riesenblume". *Besucherzentrum tgl. 8–16.30 Uhr | Eintritt 200 Baht | Nationalstr. 401, Abzweig bei km 109 | thainationalparks.com* | 🕮 *B14*

KRABI

(🕮 *B15–16*) **Ein Hingucker nach dem anderen! Der Küstenstreifen Krabi begeistert mit spektakulären Bergen und den schönsten Stränden im ganzen Land.**

Das hat sich herumgesprochen – allein bist du in dieser dschungeligen Traumkulisse nicht mehr, in der Hochsaison wahrscheinlich nicht einmal auf dem eigenen Selfie. Gewaltige Kalksteinmassive flankieren die unter Urlaubern aus aller Welt populären Topstrände *Phra Nang Beach* und *Railay Beach,* die man nur mit dem

DER SÜDEN

Boot in ca. 20 Minuten vom Hauptstrand *Ao Nang* erreicht. Ruhiger sind *Klong Muang*, *Nopparat Thara* und *Tup Kaek Beach* sowie die *Ton Sai Bay*.

SIGHTSEEING

KRABI TOWN

Die gemütliche Provinzhauptstadt (26 500 Ew.) liegt an der Mündung des Krabi River. Am Fluss im Zentrum kannst du Boote chartern und die Mangroven am anderen Ufer erforschen. Dabei geht es beispielsweise zum Thapom Klongsongnam und seinem verwunschenen *Mangrove Forest Walkway (Thapom Klongsongnam) (Eintritt 100 Baht):* Der Holzsteg führt ca. 1200 m durch den Mangrovenwald mit beeindruckenden hohen Stelzwurzeln und einigen Aussichtsplattformen, auf denen die Thais gern am Wochenende picknicken. Das Baden sollte man den Thais nicht nachmachen, so verlockend das milchig-türkise Farbspiel z. B. des *Emerald Pool* auch schimmert – hier treffen Salz- und Süßwasser aufeinander –, denn dies ist kein Badepool für lärmende Zweibeiner, sondern ein sensibles Ökosystem und wichtiges Biotop für die Krabben fressenden Makaken, Fledermäuse und Warane, für Fische und Eisvögel. Man kann hierher von Krabi auch mit dem Moped/Rad fahren (ca. 34 km nördlich von Krabi Town, Fahrzeit ca. 30 Min.).

INSIDER-TIPP: Zauberwald mit Artenvielfalt

PHRA NANG CAVE UND PRINCESS LAGOON

In der ★ *Phra Nang Cave (Eintritt frei)* am gleichnamigen Strand steht ein

Krabis Küste leuchtet in Sandweiß, Dschungelgrün und dem Türkisblau des Meers

Schrein mit gewaltigen Phalli aus Holz. Opfergaben sollen Kindersegen und sonstiges Glück bescheren. Nach beschwerlichem Aufstieg gelangt man auf die Spitze des 150 m hohen Felsenbergs und schaut hinab in die *Princess Lagoon,* die sich bei Flut mit Meerwasser füllt.

WAT THAM SUA

Wat Tham Sua (Tempel der Tigerhöhle) ca. 6 km nördlich von Krabi-Stadt ist ein berühmtes Meditationskloster, auch wenn es auf den ersten Blick nicht so scheint. Das reichlich kommerzialisierte Kloster ist teilweise in den Berg und dessen Höhlen hineingebaut.

Dem Segnungstrubel ganzer Busladungen von (chinesischen) Gläubigen kannst du entfliehen, indem du über 1256 extrem steile und hohe Stufen den Berg erklimmst (ca. 30–45 Min.). Oben gibt's Buddhas Fußabdruck zu sehen und ein sagenhaftes Panorama. Die Aussicht ist jeden Schweißtropfen und Muskelkater wert.

Wer die zweite (linke) Treppe nimmt, gelangt zu einem idyllischen Waldstück mit den *kuti*-Häuschen einer Handvoll Mönche und Nonnen des Vipassana-Centers. Was für eine Stille und welch ein Kontrast zum Kommerztempel unten! Wer hier bleiben will und über einige buddhistische Vorkenntnisse verfügt, kann bei der Klosterleitung nach einem Meditationsaufenthalt gegen Spende fragen. *Tgl. 7.30–16.30 Uhr | nur in angemessener Kleidung*

INSIDER-TIPP: Meditative Mönchszellen

ESSEN & TRINKEN

Gut und günstig kann man auf dem Nachtmarkt von Krabi Town essen. Am schmalen Nordende des Ao Nang Beach, in der *Soi Sunset,* reihen sich Seafoodlokale aneinander. Idyllisch liegt das *Last Café* am Südende des Strands.

SPORT & SPASS

Für Wassersportfans werden Kanutouren und Tauchgänge angeboten. Eine Liste von Tauchbasen steht auf *krabithailand.de.* Kletterer hangeln sich die Kalksteinmassive hoch – Anfängerkurse gibt's am Phra Nang Beach, am Railay East und in der Ton Sai Bay *(railay.com).*

AUSGEHEN & FEIERN

Für ihr Nachtleben sind die Krabi-Strände nicht berühmt. Traveller treffen sich in den Kneipen am Railay East und in der *Freedom Bar* im Hinterland von Ton Sai. Dort steigen auch Vollmondpartys.

KO LANTA

(◫ B16) **Fischerdörfer und Regenwald, herrliche Strände und viele Eilande zum Inselhopping oder Abtauchen: Auf ★ Ko Lanta im tiefen Süden ist der Alltag noch geruhsam.**

Und vor allem muslimisch geprägt – trotz aller Idylle kann einen der Ruf

DER SÜDEN

Snack gefällig? Auf dem Markt von Ban Saladan auf Ko Lanta

des Muezzins morgens schon mal aus dem Schlaf wecken. Im Dorf Ban Saladan, wo die Fährboote anlegen, gibt es Souvenirshops und Cafés, Schneider und Boutiquen, Reisebüros und Tauchbasen.

Fähren von Phuket, Ko Phi Phi und Krabi bringen die Urlauber in anderthalb bis vier Stunden nach Ko Lanta Yai. Wer schnell seekrank wird, nimmt besser die Minibusse von Krabi über die Nachbarinsel Ko Lanta Noi (ca. zweieinhalb Stunden). So ist die Fährstrecke kürzer.

ESSEN & TRINKEN

In Ban Saladan warten mehrere ins Wasser gepfählte Seafoodrestaurants auf hungrige Besucher. Die *Walking Street* (eine von nur zwei Dorfstraßen) bietet am Abend ab 18, 19 Uhr lukullische Abwechslung von *phat thai* über Thai Pancakes bis hin zu Kebab, Fruchtsäften und Cocktails *to go*.

SAME SAME BUT DIFFERENT

Das beliebte Strandlokal in der Kantiang Bay bringt internationale und dabei überwiegend vegetarische und vegane Küche auf den Tisch, gute Cocktails und kühles Bier – man sollte nicht unbedingt in Eile sein. *Kantiang-Strand | Mobiltel. 08 17 87 86 70 | €–€€*

STRÄNDE

Alle Badestrände liegen an der 20 km langen Westküste von Ko Lanta Yai. Die Faustregel lautet: Je weiter man auf der Insel nach Süden kommt, desto ruhiger wird es.

Die beiden letzten Strände in den Buchten von *Klong Jak* und *Mai Pai (Bamboo Bay),* zu denen eine teils

RUND UM KO LANTA

steile Straße führt, sind von der touristischen Entwicklung noch beinahe unberührt oder doch wenigstens noch fast unbebaut. Wer früh aufsteht, kann in der Bamboo Bay zum Sonnenaufgang die dort herumstreifenden Makaken erleben – manche sind ziemlich frech, also auf keinen Fall füttern.

INSIDER-TIPP Affentheater am frühen Morgen

SPORT & SPASS

In Resorts und Reisebüros kann man Touren in den Dschungel oder die Mangroven, Schnorchelausflüge und Höhlenbesichtigungen buchen. In Ban Saladan gibt es mehrere Tauchzentren. Eine Übersicht der besten Tauchreviere bietet *lantainfo.com*.

Die Bewohner des Dorfs *Tung Yee Peng (Touren im Reisebüro ca. 1000 Baht)* wollen den Tourismus in ihren Alltag integrieren, ohne die Umwelt zu zerstören. Auf Bootsfahrten mit den Einheimischen in die Mangroven lernst du ein Ökosystem kennen, von dem die Insulaner schon seit vielen Generationen leben. Im Dorf kann man in einfachen Unterkünften übernachten und ins Leben vor Ort eintauchen.

AUSGEHEN & FEIERN

Angesagte Treffs am Long Beach sind die *Ozone Bar* (donnerstags Beachparty) und *Funky Monkey* – wenn man Karaokepartys und Mojitos aus Eimern mag. Vor mehreren Strandbars werden abends Fireshows veranstaltet.

RUND UM KO LANTA

5 KO JUM ★ ⚑
20 km / 1 Std. von Ko Lanta (Boot/Fähre)

Das Eiland nördlich von Ko Lanta liegt im Windschatten des Tourismus, bekam aber vom Lanta-Boom etwas ab. Knapp zwei Dutzend kleine Resorts gibt es auf der 9 km langen Dschungel- und Gummibauminsel, die im nördlichen Teil Ko Pu genannt wird: schöne, noch immer eher rustikale Bungalows mit angeschlossenen Strandlokalen und Strandbars ums Lagerfeuer, z.B. die *Freedom Bar* und die *Coco Bar* am Südende des Andaman Beach. Manch einer will hier gar nicht wieder weg und wünscht, die Zeit bliebe für ein Weilchen stehen. Eine asphaltierte Straße führt von Nord nach Süd, die Strommasten wurden erst 2010 aufgestellt. Im Hauptdorf *Ban Ko Jum* im äußersten Süden findest du alles für den täglichen Bedarf. Für die Anreise nimmt man die Fähre von Krabi nach Lanta, weiter geht's per Fähre oder Longtailboot. ⌘ B16

KO SAMUI

(⌘ C14) Als eine einzige riesige Kokospalmenplantage, gekrönt von einem Dschungelberg, präsentiert sich ★ Ko Samui, Thailands drittgrößte Insel (50 000 Ew.), beim Anflug.

DER SÜDEN

KO SAMUI

Die beiden großen Buddhastatuen an der Nordostspitze sind quasi zum Greifen nah, während der Ferienflieger in den Sinkflug geht. Der rustikale Flughafen mit seinen reetgedeckten Hallen erscheint auf den ersten Blick selbst wie eine Strandherberge. Doch die einstige Hippie-Insel verwandelt sich unaufhaltsam: Designherbergen mit Poolvillen, Luxus-Spas und Nightclubs ziehen mittlerweile die betuchteren Urlauber aus aller Welt an.

SIGHTSEEING

Die 229 km² große Insel lässt sich auf der nur 51 km langen Ringstraße bequem an einem Tag erkunden – manchmal haarscharf an der Steilküste entlang und vorbei an Stränden und lauschigen Minibuchten.

HIN TA/HIN YAI

Auf der Rundtour kommt man an zwei berühmten Felsen im Südosten mit viel Touristentrubel vorbei: *Hin Ta* und *Hin Yai* am südlichen Ende des Strands von Lamai. Die Felsenritze und der phallusartige Fels sind ein beliebtes Fotomotiv, nicht nur bei den sonst eher prüden Thais. Als „Großmutterfelsen" und „Großvaterfelsen" (so die wörtliche Übersetzung) verkörpern sie der Legende nach ein Ehepaar, das hier vor der Küste Schiffbruch erlitt und versteinert wurde. *Eintritt frei | Ringstraße Abzweig nahe km 18 (2 km) | ⏱ 10–20 Min.*

WAT SAMRET (WHITE JADE BUDDHA TEMPLE)

Eine fast mystisch-meditative Überraschung erwartet dich im Wat Samret,

KO SAMUI

nur rund 1 km von den Felsen Hin Ta und Hin Yai entfernt nahe Ban Hua Thanon, aber hier bist du ganz allein: Im hintersten Klosterwinkel, vorbei an dem hinter Glas mumifizierten Abt, sind in einem von dämonischen, zähnefletschenden Fabelwesen bewachten, unscheinbaren Gebäude an die 50 Buddhas versammelt, und das angeblich schon seit 100 Jahren – mit Goldblättern beklebt, verstaubt, groß, klein, sitzend, liegend, stehend, mit orangefarbenen Tüchern behangen. *Eintritt frei | in angemessener Kleidung | Moo 5 Ban Maret | ca. 20 Min.*

INSIDER-TIPP
Fundgrube für Fotoenthusiasten

SECRET BUDDHA GARDEN (TARNIM MAGIC GARDEN)

Eine weitere Zauberwelt mit verwitterten Buddhastatuen und anderen Figuren verheißt ein (sehr steiler) Abstecher in die Berge: zum gar nicht mehr so geheimen Secret Buddha Garden in einer mit Felsen durchsetzten Dschungellandschaft beim kleinen Tarnim-Wasserfall. Mal barbusig, mal mit Musikinstrumenten, mal Helden oder Monster aus der Thai-Mythologie – geschaffen wurden die Skulpturen von Nim Thongsuk, einem Farmer, der Durianfrüchte anbaute. Mittlerweile solltest du früh hierher kommen, um die stille Idylle noch ohne viele andere Besucher genießen zu können. *Tgl. 8–17 Uhr | Eintritt 80 Baht | 5-km-Abzweig gegenüber Wat Khunaram | Auto nur mit Allradantrieb | feste Schuhe anziehen | 30 Min.–1 Std.*

COCONUT MUSEUM

3 Mio. Kokospalmen wachsen auf Ko Samui, ca. 2500 Insulaner arbeiten noch in dem jahrhundertealten Wirtschaftszweig. Als Kokosnusspflücker werden *long liang* eingesetzt: Die Makaken drehen am Tag 700 bis 950 Kokosnüsse mit flinken Händen ab. Das Coconut Museum im Dorf Ang Thong kurz vor der Inselhauptstadt Nathon liegt inmitten einer Kokosnussplantage und vermittelt ein Bild von der Bedeutung des so vielseitig verwendbaren Baums für Ko Samui.

Wenn du Lust auf was Süßes hast: Hier gibt es die traditionelle Festtagsspeise *kanom kee mun* aus Kokoszucker, Kokosmilch und Tapioka, natürlich selbst gemacht bei einem 40-Minuten-Kochkurs (390 Baht) – immer schön rühren! Im Museumsladen kann man sich mit jeder Menge Souvenirs aus Kokosnüssen (z. B. Palmblatthüte, Musikinstrumente oder Spielzeug) und „kokosnussigen" Kosmetika eindecken, von Lippenbalsam über Öle bis zu Seife, und auch gesunde Hausschuhe mit Massagefußbett gibt es hier. *Mo–Sa 7.30–16.30 Uhr | Eintritt frei | Moo 2 im Dorf Ang Thong | Facebook: @SpacoVirginCoconutOil | 30 Min.–1 Std.*

HIN-LAT-WASSERFALL

Rund 1,5 km weiter, am Ende des Dorfs Ang Thong, tischt das rustikale Gartenlokal *Ban Langsad (€)* in ländlicher Idylle tagsüber authentische, bodenständige Gerichte auf: etwa die bunten Nudeln *kanom jin*, Papayasuppe und Fisch am Spieß. Gesättigt kann es von hier aus unter himmelho-

DER SÜDEN

Auf höherer Ebene: Big Buddha, das Wahrzeichen von Ko Samui

hen Kapok-Baumriesen zu Fuß auf einer Miniwanderung zum Namtok Hin Lat gehen, der mit 700 m einer der beiden inselhöchsten Wasserfälle (neben dem Namtok Namuang) ist. Der Weg zum höchsten Absatz der Kaskade dauert allerdings ein bis zwei Stunden, je nach Kondition. Der etwas trubeligere Hauptzugang zum Wasserfall: rechter Abzweig von der Ringstraße hinter Ban Lipa Yai (ca. 2 km südlich von Nathon). *Tgl. 8–17 Uhr | Eintritt frei |* ⏱ *1–2 Std.*

BIG BUDDHA

Last but not least: Vorbei am Big Buddha Beach im Nordosten geht es über einen Abzweig von der Ringstraße auf die 4171 zum Wahrzeichen der Insel, dem 12 m hoch aufragenden Big Buddha. Der im Sitzen meditierende Buddha zieht als alles überragende goldene Statue im *Wat Hin Ngu* die Massen an. Wenn du auf der Plattform zu seinen Füßen (bzw. Knien) die Bronzeglocken im Uhrzeigersinn anschlägst, so sagen die Thais, dann bringt das Glück … *Tgl. 8–18 Uhr | Eintritt frei | in angemessener Kleidung | Wat Hin Ngu auf Ko Fan |* ⏱ *1–2 Std.*

INSIDER-TIPP Glück bringender Glockenklang

ESSEN & TRINKEN

Oft wird Thai-Küche an Essensständen wie z. B. im *Lamai Food Center (Nachtmarkt ab 17 Uhr)* oder in einfachen Lokalen besser und preiswerter zubereitet als in den nur auf Touristen ausgerichteten Restaurants. Am Chaweng Beach stellen viele Resorts abends Tische und Stühle auf den Strand und grillen Seafood auf Holzkohlenfeuern.

KO SAMUI

Meeresrauschen in Thailands Süden: Lamai Beach auf Ko Samui

DUOMO
Exzellent und authentisch italienisch essen – das geht hier. *Soi Montien House | Chaweng Beach | Tel. 07 73 00 50 4 | restaurantduomosamui.com | €€€*

JUREE COCONUT PANCAKES
Bloß nicht an den thailändischen Crêpes, den *kanom buang*, vorbeifahren: In ihrem unscheinbaren Bambusstand zaubert die Thailänderin Juree diese knusprigen Minipfannkuchen aus Kokosmilch und -raspeln, Taro, Mais und schwarzem Sesam, lecker als Snack oder Dessert (ca. 30 Baht). *Tgl. 9–15 Uhr | südlich von Lamai | an der Ringstraße zwischen Villa Nalinnadda und dem riesigen Guan-Yu-Schrein | €*

TREE TOPS
Feinschmecker und Romantiker werden in dem wunderschön gelegenen Restaurant am Chaweng Beach ihre helle Freude haben. Man überschaut beim Speisen die Palmwipfel, auch die Speisen sind überschaubar, aber stets hübsch präsentiert. *Chaweng Beach (Anantara Resort) | Tel. 07 79 60 03 33 | anantara.com | €€€*

ZAZEN
Ein Hauch von Tausendundeiner Nacht weht durch das schicke Lokal im gleichnamigen Boutiquehotel, ein Inselklassiker direkt am Wasser. Die Thai-Gerichte kommen so appetitlich daher, man möchte am liebsten gar nichts kaputt machen. Empfehlenswert: das Entdeckungsmenü mit den Highlights von *tom kha gai* bis zu ebenfalls kunterbunt-fotogenen Thai-Desserts. *Bophut Beach | Tel. 0 77 42 50 85 und 0 77 42 50 81 | samuizazen.com | €€€*

STRÄNDE

Die meisten Resorts und auch die beste Infrastruktur mit vielen Restaurants bieten der 🌴 *Chaweng Beach,* der schönste von allen, sowie der Strand von *Lamai,* beide an der Ostküste. Kleine Oasen der Ruhe sind dort die Buchten von *Thong Sai, Choeng Mon, Chaweng Noi, Coral Cove* und *Na Khai,*

DER SÜDEN

die jedoch meist von Hotelketten besetzt sind. Noch relativ frei von übermäßigem massentouristischem Rummel sind die Strände *Mae Nam, Bo Phut* und *Big Buddha* an der Nordküste. Die Strände im Süden und Westen sind weniger attraktiv, und im flachen Wasser ist Schwimmen schwierig oder nur mit Flut und Weitrauslaufen möglich. Dafür findest du hier noch richtig einsame Bungalows.

SPORT & SPASS

Alle Arten von Wassersport stehen zur Auswahl, wobei das Angebot am Chaweng Beach und am Lamai Beach am größten ist. Unter anderem kann man beim Tauchen auf Entdeckungstour unter Wasser gehen. Minigolfanlagen gibt es am Chaweng Beach und an der Straße vom Choeng Mon zum Big Buddha Beach. Wer richtige Golfbälle einlochen möchte, kann auf den vier Plätzen der Insel den Schläger schwingen, z. B. im *Santiburi Country Club (santiburisamui.com)*.

WELLNESS

TAMARIND SPA
Das Smartphone muss draußen bleiben! Wasser plätschert, sphärische Klänge wabern durch die Open-Air-Pavillons. In dieser Wellnessoase ist Entspannung oberste himmlische Pflicht, etwa beim *Steam & Dream (so lange man mag 1500 Baht, 4-Std.-Massagepaket 5500 Baht)*. Außerdem kannst du hier Yoga lernen. *Tgl. 10–16 Uhr | 205/7 Thong Takian | Lamai | Mobiltel. 08 59 26 46 26 | tamarindsprings.com*

AUSGEHEN & FEIERN

Der Chaweng Beach ist das Nightlifezentrum der Insel. Im Diskoklassiker *Green Mango (Facebook: @TheGreen MangoClub)* ist die Stimmung gut, aber die Getränke sind gepanscht, und beim Wechselgeld passt man besser auf. Nebenan gibt es Bier- und Go-go-Bars. Entspannter und rustikaler geht es mit Reggaerhythmen in *The Rock Bar (Facebook: The Rock Bar Koh Samui)* am Strand zu. Travestieshows sind z. B. im Diva *(Facebook: @DivasCabaretSamui)* (zuvor: Starz Cabaret) zu sehen, bei freiem Eintritt. Für alle, die es ruhiger und etwas stilvoller mögen: Bummeln, schlemmen und Cocktails schlürfen kann man im *Fisherman's Village* am Bo Phut Beach, wo am Freitag ab 17 Uhr der Nachtmarkt in der Walking Street öffnet.

RUND UM KO SAMUI

6 ANG-THONG-NATIONALPARK
ca. 50 km / 1–2 Std. von Ko Samui (Speedboat/Boot)
Der Archipel von 40 unbewohnten Inseln nordöstlich zwischen Ko Samui und dem Festland ist traumhaft schön zum Schnorcheln. Reisebüros bieten Tagestouren an (ab ca. 2000–3500 Baht je nach Gruppen-/Bootsgröße und Programm): Kayaking ist meist dabei und auch die beiden Inselhighlights *Ko Mae Ko* (mit dem Emerald

RUND UM KO SAMUI

Lake) und *Ko Wua Talap*. Auf Letzterer kann man schnorcheln, eine Höhlenexkursion unternehmen oder eine schweißtreibende Wanderung (ca. 500 m) zu einem atemberaubenden Ausblickspunkt, wo einem das Inselreich zu Füßen liegt. Hier lässt sich auch schon mal ein niedlicher Südlicher Brillenlangur erblicken, eine langschwänzige, schwarzhaarige Primatenart, die aussieht, als ob sie eine weiße Brille trägt. Du kannst auf Ko Wua Talap auch übernachten, nahe dem Nationalpark-Hauptquartier gibt es vier spartanische Bungalows und Campingzelte – am folgenden Tag gegen 14 Uhr wirst du von der nächsten Tourgruppe wieder mitgenommen. Die Übernachtung muss reserviert und im Voraus bezahlt werden (Veranstalter: *kohsanuk.com*). *In der Regenzeit 20. Okt.– 20. Dez. geschl.* | *Eintritt 200 Baht* | *thainationalparks.com* | C13–14

INSIDER-TIPP
Wildlife: haarige Begegnungen inklusive

7 KO PHANGAN
20 km / 30 Min. (High Speed Catamaran)

Hier geht garantiert immer irgendwo irgendeine Party ab! Auch Fireshows, Yogaschulen und Kickboxcamps musst du nicht lange suchen. Ko Samuis nördliche Nachbarinsel ist ein 167 km² großer, bergiger Dschungel im Meer mit rund 30 feinsandigen Stränden und vielen malerischen kleinen Buchten. Lange war die Travellerszene auf Ko Phangan unter sich, aber die wilde Urwaldschönheit konnte dem Rest der Welt nicht verborgen bleiben. Klimatisierte Bungalows verdrängen allmählich die alten Palmlaubhütten, Edelresorts locken gut betuchte Urlauber an. Langweilig wird es hier nicht, ob an der Zipline, auf dem SUP-Brett, im *muay thai*-Boxring oder beim Kitesurfen. Legendär ist die *Full Moon Party* (*fullmoon.phangan.info*), die jeden Monat Zehntausende von Partyfans an den *Rin Beach (Hat Rin)* lockt, z. B. zur *Wild warm up Party* mit Bodypainting.

40 einsame Inseln und du mittendrin: auf Kajaktour im Ang-Thong-Nationalpark

DER SÜDEN

Aber von wegen Ballermann: Ruhigere Ecken finden sich überall auf dem Inselrest. Das ganze Eiland scheint sich ohnehin dem Detoxen und Healing verschrieben zu haben, etwa im Lokal *Seed to Feed (Ban Wok Tum | Mobiltel. 09 18 03 10 00 | Facebook: seedtofeed | €€)*, wo man organische Produkte aus eigenem Anbau aufgetischt bekommt, so Originell-Fusionelles wie knusprige Tarosticks, Lachs mit Avocado, gurkige oder grasige Smoothies – selbst die Blümchen kann man hier mitessen. Einmal *Monk Chat* und buddhistischer Retreat im Kloster (etwa im *Wat Samai Kongkha* in Ban Wok Tum) oder Yoga und Meditation sind auf dieser Insel quasi ein Muss. Empfehlenswert ist das *Jaran's (Ban Maduea Wan | jaranspha ngan.com)*, wo beim Yoga in einem offenen Pavillon die Muskeln und Gelenke fast zum Quietschen gebracht werden.

SIDER-TIPP: Workout mit Dschungelblick

Fähren setzen über zu der kleinen Insel *Ko Tao* mit ihren schönen Tauchrevieren (s. S. 34). Ko Phangan ist ebenfalls mit der Fähre zu erreichen, je nach Pier auf Ko Samui dauert die Überfahrt 20–90 Minuten. C13–14

SCHÖNER SCHLAFEN IM SÜDEN

WOHLFÜHLVILLEN
Verschlungene Wege, dichtes Grün und ein 300 m langer Strand – eine Seltenheit auf Ko Samui: Die 52 Poolvillen des *Outrigger (3/182 Moo 5 Bophut | Tel. 07 74 58 56 04 | outriggerthailand.com | €€€)* sind absolute Wohlfühloasen. Ein echter Lieblingsplatz ist das Restaurant in der riesigen Laube direkt am Wasser der Hanuman Bay, etwa bei dem wirklich herausragenden Frühstücksbuffet.

FREILUFTBAD-ROMANTIK
Hier kann man sich fitlaufen, treppauf, treppab: Die dschungelige Anlage des *Santhiya (99 Zi. | Thong Nai Pan Noi Beach | Tel. 0 77 42 89 99 | santhiya.com | €€€)* auf Ko Phangan ist traumhaft und riesig, die Wege sind weit und steil – aber so kann man gleich nachts unterm Sternenhimmel und beim Klang von Tausenden Zikaden die Kalorien eines der landesbesten Dinnerbuffets abarbeiten. Ansonsten? Romantik pur. Allein die Open-Air-Bäder in den charmant-hölzernen Hideaway-Villen sind eine Reise hierher wert!

ERLEBNIS TOUREN

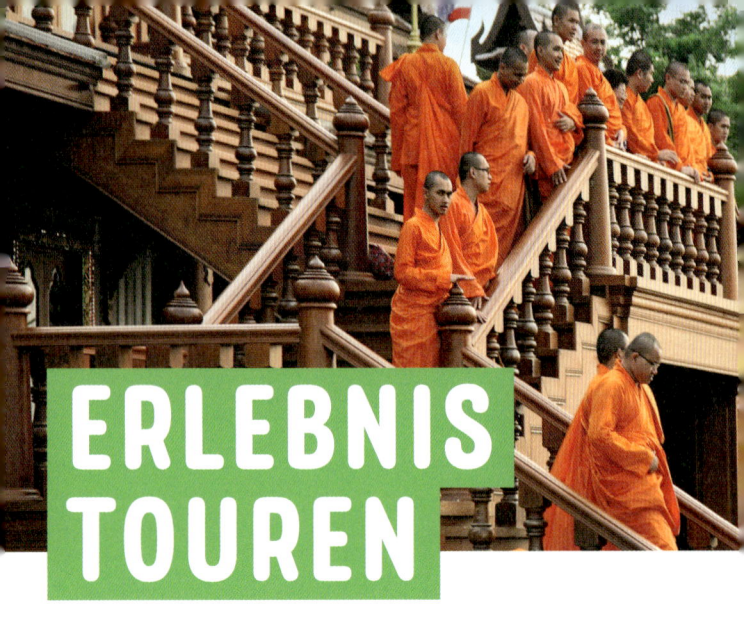

Lust, die Besonderheiten der Region zu entdecken? Dann sind die Erlebnistouren genau das Richtige für dich! Ganz einfach wird es mit der MARCO POLO Touren-App: Die Tour über den QR-Code aufs Smartphone laden – und auch offline die perfekte Orientierung haben.

❶ AKTIV AUF DEN SPUREN ALTER KÖNIGREICHE

- ➤ Prächtige und stimmungsvolle Tempelbauten erkunden
- ➤ Zwischen Ruinen auf königlichen Pfaden wandeln
- ➤ Zum höchsten Wasserfall des Landes – mit Trekkingschuhen und Paddel

📍 Chiang Mai
🏁 Umphang
➡ 785 km
🚗 7 Tage, reine Fahrzeit 15 Stunden
ℹ Kosten: ca. 910 Euro für 2 Personen
Mitnehmen: Navi oder Smartphone mit GPS

Einfach QR-Code scannen und alle Karten & Infos zu unseren Touren auch unterwegs parat haben!
go.marcopolo.de/tai

Alles im safrangelben Bereich: Thais gehen oft für eine begrenzte Zeit ins Kloster

BILDSCHÖNE TEMPEL IN DER STADT UND EIN BERÜHMTES KLOSTER AUF DEM BERG

Los geht's in ❶ Chiang Mai ➤ S. 60 – perfekt für eine erste Entdeckungsrunde. In der Altstadt warten imposante Tempelbauten und interessante historische Museen, in aller Ruhe erkundest du das toll über der Stadt gelegene Kloster Wat Phra That Doi Suthep.

STIPPVISITE BEI KÖNIGEN UND ELEFANTEN

Auf der *Nationalstraße 106 Richtung Süden* fährst du durch eine wunderschöne Allee von alten, bis zu 40 m hohen Dschungelbäumen nach ❷ Lamphun (14 000 Ew.). Die Stadt war einst Herrscherresidenz des sagenumwobenen Königreichs Haripunchai, wie die Reste der Stadtmauer und der schöne Wat Phra That Haripunchai bezeugen. *Auf der Nationalstraße 11 Richtung Lampang triffst du nach weniger als einer halben Stunde auf die Abzweigung zum* ❸ Thai Elephant Conservation Center ➤ S. 63, wo du eine Elefantenshow erleben kannst und sogar beim Waschen der Dickhäuter helfen darfst. Elefantenmuseum, -kindergarten und -krankenhaus gehören auch dazu.

TAG 1
❶ **Chiang Mai**
63 km · 1 Std. 20 Min.

TAG 2

❷ **Lamphun**
44 km · 40 Min.

❸ **Thai Elephant Conservation Center**
33 km · 30 Min.

❹ Lampang	
25 km	30 Min.
❺ Wat Phra That Lampang Luang	
177 km	2 ¾ Std.
TAG 3–4	
❻ Si Satchanalai	
22 km	25 Min.
❼ Sawan-Voranayok-Nationalmuseum	
38 km	40 Min.
❽ Sukhothai	
118 km	3 ½ Std.

QUIRLIGE STADT UND BUDDHAS FUSSABDRUCK

Zurück auf der Nationalstraße 11 erreichst du die geschäftige und doch gemütliche Provinzhauptstadt ❹ Lampang *(60 000 Ew.). Bei der Stadtrundfahrt in einer bunt bemalten Pferdekutsche (200–300 Baht) besichtigst du quirlige Märkte, prächtige Tempel und Teakholzhäuser wie das* Baan Sao Nak *(Ratwattana Road | Eintritt 50 Baht). Du übernachtest mit Flair und persönlichem Service im* Auangkham Resort *(14 Zi. | 51 Wang Nua Road | Tel. 0 54 22 13 06 | €). Ein Abstecher führt auf dem Hwy. 1 und der Nationalstraße 1034 nach Südwesten zum vielleicht stimmungsvollsten Tempel Nordthailands, dem* ❺ Wat Phra That Lampang Luang *(tgl. 7.30–17 Uhr | Eintritt frei). Er ist nicht nur kunsthistorisch ein absolutes Highlight, sondern auch von Gläubigen hochverehrt: Hier hinterließ Buddha ein Haar und seinen Fußabdruck!*

Tiefenentspannt: Buddha in Alt-Sukhothai

WÜRDIGE RUINEN, DANN AB AUFS BIKE

Die *Nationalstraße 11* führt durch das Reisanbaugebiet nach Südosten, bis sie auf die *Nationalstraße 101* trifft. Bieg rechts ab in Richtung Sukhothai. Im Geschichtspark von ❻ Si Satchanalai *(tgl. 8–17 Uhr | Eintritt 100 Baht)* zeugen Tempelruinen von der großen Vergangenheit des Orts. Bei einem *Zwischenstopp im Dorf Sawankhalok* siehst du dir die einmaligen Keramiken aus der Sukhothai-Zeit im ❼ Sawan-Voranayok-Nationalmuseum *(Mi–So 9–16 Uhr | Eintritt 50 Baht)* an. Danach erreichst du ❽ Sukhothai ➤ S. 54. Alt-Sukhothai lockt ebenfalls mit einem imposanten Geschichtspark und einer authentischen ländlichen Umgebung, die du am vierten Tag auf einer geführten Mountainbiketour durch Reisfelder und Dörfer durchstreifst. Eine charmante Unterkunft findest du beim Franzosen

ERLEBNISTOUREN

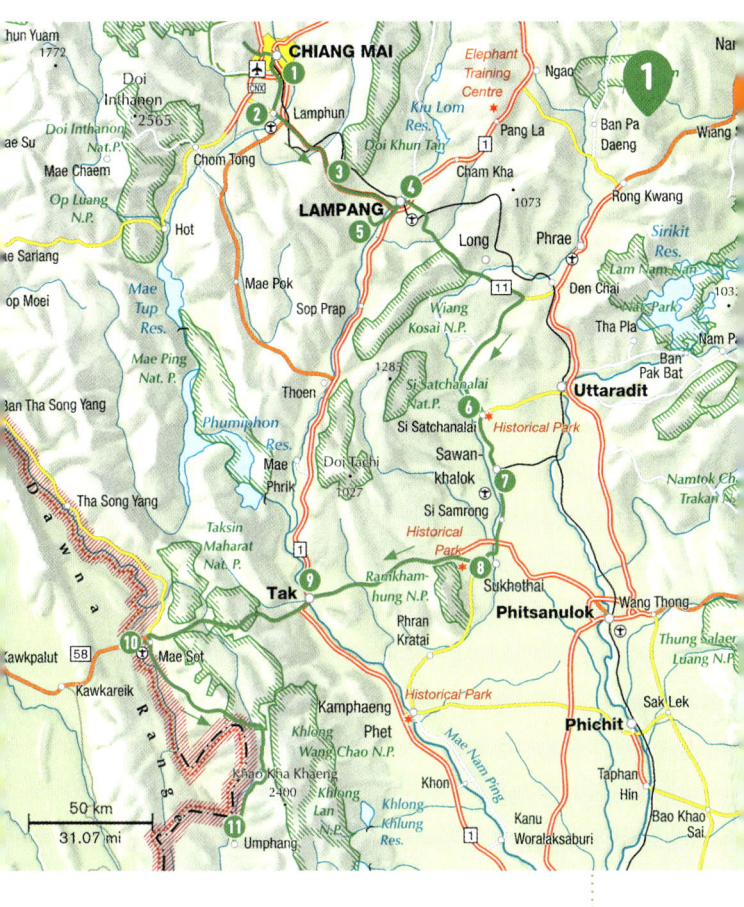

Michel im Lotus Village *(20 Zi. | 170 Rajthanee Road | Mobiltel. 08 16 80 00 77 | lotus.village@ymail.com | €)*.

IN DIE BERGE UND ZU DEN GLITZERSTEINEN

Wenn du *auf der Nationalstraße 12 nach Westen* weiterfährst, siehst du in der Ferne schon die Berge. Der Verkehrsknotenpunkt Tak (25 000 Ew.) hat außer der ❾ **Statue von König Taksin** (1734–82), der hier geboren wurde, nicht viel zu bieten. Deshalb geht es nach einer kurzen Pause gleich weiter *auf der kurvenreichen Nationalstraße 105 durch die Berge nach* ❿ **Mae Sot** (55 000 Ew.). In vielen Geschäften blinkt

TAG 5
❾ Statue von König Taksin
87 km   1 ½ Std.
❿ Mae Sot
176 km   3 ½ Std.

und glitzert es, denn die multikulturelle Stadt nahe der Grenze zu Myanmar ist ein Zentrum des Edelsteinhandels. Besuch den bunten Markt *direkt am Grenzfluss Moei am Ende der Nationalstraße 105.* Unterkunft findest du im einfachen, zentral gelegenen J2 Hotel *(45 Zi. | 149/8 Intarakeeree Road | Tel. 0 55 53 61 61 | j2hotel.business.site | €).*

ZUM SCHLUSS: TREKKING ODER RAFTING?

TAG 6-7

⓫ Umphang

Die Wege ins Paradies sind bekanntlich lang und mühsam: Am nächsten Morgen steht die lange Fahrt *auf der Nationalstraße 1090* ins abgeschieden gelegene ⓫ Umphang an. Im Tu Ka Su Cottage *(30 Zi. | westlich der Brücke | Tel. 0 55 56 12 95 | tukasu.webs.com | €)* kann man nächtigen und für den letzten Tag eine Rafting- oder Trekkingtour buchen.

❷ ABENTEUER IM DSCHUNGEL DER RIESENBLUME

➤ Zu Fuß und mit dem Kanu – ein Abstecher ins Naturparadies
➤ Beim Tubing in rauschendem Wasser flussabwärts treiben
➤ Ein Altstadtbummel auf den Spuren der Chinesen

📍 Phuket	🏁 Phuket
↻ 512 km	🚗 3 Tage, reine Fahrzeit 9 Stunden
ℹ️ Kosten: ca. 270–300 Euro für 2 Personen Mitnehmen: Navi oder Smartphone mit GPS	

GRÜNE BERGE UND TÜRKISBLAUES MEER

TAG 1

❶ Phuket

100 km 1 ½ Std.

Schon auf der Fahrt von Phuket aus wirst du feststellen, dass dies wirklich eine Tour ins Grüne wird – mit einem Blick aufs Blaue. Du verlässt ❶ Phuket ➤ S. 100 *auf dem Hwy. 402 nach Norden.* Beim Dorf Khok Kloi trifft er auf die Nationalstraße 4, auf der du stets in Küsten-

ERLEBNISTOUREN

nähe weiter in Richtung Takua Pa fährst. Das Land ist dünn besiedelt, grüne Dschungelberge reichen fast bis ans Meer. *Kurz vor Khao Lak hast du einen prächtigen Ausblick auf das türkis schimmernde Wasser. Von der Nationalstraße 4 zweigen Stichstraßen nach links zu den Stränden von* ❷ Khao Lak ➤ S. 106 *ab, z. B. an Kilometer 60 zum schönen, breiten* Nang Thong Beach.

❷ **Khao Lak**
75 km 1 ¼ Std.

STILECHT WOHNEN IM NATIONALPARK

In Takua Pa biegst du auf die Nationalstraße 401 in Richtung Surat Thani ab. Jetzt wird die Landschaft spektakulär: Riesige, verwitterte Karstberge erheben sich fast senkrecht aus dem saftig-grünen Dschungel. Am Nachmittag erreichst du den Eingang zum ❸ Khao-Sok-Nationalpark ➤ S. 108. Du verbringst die folgenden Nächte in einem der originellen Baumhäuser von *Our Jungle House (12 Zi. | Mobiltel. 08 14 17 05 46 | khao*

INSIDER-TIPP
Zwischen Baumwipfeln schlafen

❸ **Khao-Sok-Nationalpark**
190 km 6 ½ Std.

Im Khao-Sok-Nationalpark erkundest du den Dschungel auf Wanderwegen

sokaccommodation.com | €€). Das von imposanten Kalksteinfelsen geprägte Gebiet des Nationalparks beeindruckt mit gigantischen Urwaldbäumen, deren Brettwurzeln über 2 m in die Höhe ragen, und einer vielfältigen Tierwelt.

IN DEN URWALD UND ZUM TUBING AUF DEN FLUSS

TAG 2

Am nächsten Morgen brichst du auf, um den Park zu erkunden. *Auf markierten Wegen findest du dich auf eigene Faust zurecht*, allerdings kommt man allein nicht weit ins Dickicht hinein. Empfehlenswert sind daher halbtägige Dschungeltouren, die du in Resorts und Reisebüros buchen kannst. Die Guides bringen dich zu weiter entfernten Wasserfällen und wissen, wo die Rafflesia, die größte Blüte der Welt, zu finden ist. Nachmittags geht es aufs Wasser: Beim Tubing, das du in deiner Unterkunft buchst, geht es wie im nassen Rausch im Lastwagenreifen den Sok River hinunter.

TAG 3

❹ **Altstadt von Takua Pa**

147 km 2 ¼ Std.

KANUABENTEUER UND CHINESISCHE LADENZEILEN

Der letzte Tag beginnt mit einer halbtägigen Kanutour zum Stausee Chiew Lan (Ratchaprapha-Stausee) mit seinen steil aufragenden Kalksteinklippen und verwunschenen Höhlen. Das Abenteuer organisiert ebenfalls deine Unterkunft. Danach geht es wieder auf den Asphalt. *Die Nationalstraße 401 führt dich Richtung Westen, in Takua Pa biegst du auf die Nationalstraße 4032 ab. Einige Kilometer südlich des Orts triffst du auf ein Kleinod, die versteckt gelegene* ❹ **Altstadt von Takua Pa** ▶ S. 108, wo noch viele betagte chinesische Ladenzeilen von der großen Zeit des Zinnbooms im 19. Jh. künden. Nach einem Spaziergang fährst du *auf der Nationalstraße 4032 und der 4090 weiter Richtung Phang*

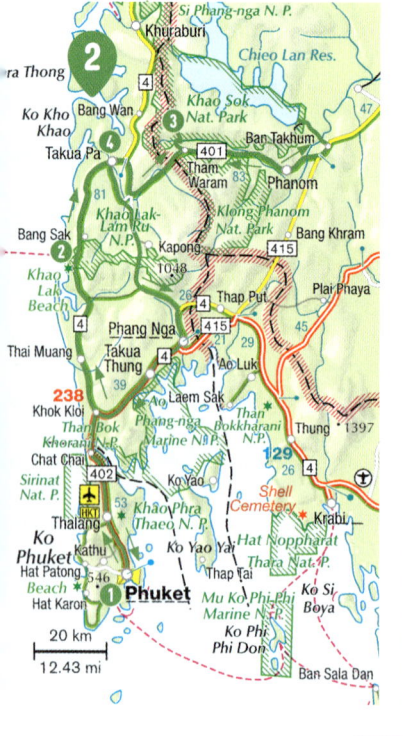

ERLEBNISTOUREN

Nga und über die Nationalstraße 4 und den Hwy. 402 zurück nach ❶ *Phuket* ➤ *S. 100.*

❶ Phuket

❸ SONNE, STRAND UND UNTERHALTUNG FÜR DIE GANZE FAMILIE

- ➤ Entdeckungsreise mit Inselhüpfen an die kambodschanische Grenze
- ➤ Wie Tarzan von Baum zu Baum schweben
- ➤ Ko Chang: Mit dem Kajak durch Mangroven paddeln

📍 Bangkok	🏁 Trat
→ 640 km	🚗 9 Tage, reine Fahrzeit 12 Stunden
ℹ️ Kosten: ca. 1800 Euro für eine vierköpfige Familie	

MINI-THAILAND, UNGLAUBLICHE DINGE UND EIN TEAKHOLZBAU ZUM STAUNEN

Von ❶ Bangkok ➤ S. 42 geht es mit einem Taxi *auf dem Sukhumvit Highway Richtung Südosten* ins wohl größte Freilichtmuseum der Welt, ❷ Ancient Siam *(tgl. 9–19 Uhr | muangboranmuseum.com/en)*. Mit Mietfahrrädern oder Golfbuggys kannst du „ganz Thailand" an einem Tag besichtigen, denn auf dem weitläufigen Gelände stehen verkleinerte Nachbauten von über 100 Attraktionen.

Anschließend geht es *mit dem wartenden Taxi auf dem Hwy. 3 nach* ❸ Pattaya ➤ S. 86. Für Familien ist die skurrile Ausstellung Ripley's World ein Erlebnis, und jeder gerät ins Staunen im wunderschönen Teakholzbauwerk Sanctuary of Truth. Unterkunft findet man im beliebten Thai Garden Resort *(217 Zi. | 179 North Pattaya Road | Tel. 0 38 37 06 14 | thaigarden.com | €–€€)*.

HAIE IM TUNNEL UND ZOOBESUCH

Der nächste Tag steht ganz im Zeichen der Tiere. Erst einmal wird abgetaucht, auch für Nichttaucher zu

TAG 1

❶ **Bangkok**

34 km   30 Min.

❷ **Ancient Siam**

112 km   1 Std. 40 Min.

❸ **Pattaya**

234 km   4 ¼ Std.

TAG 2

127

empfehlen, in die Underwater World in Pattaya. Den Haien ganz nah kommst du im Acrylglastunnel, und wer sich traut, streckt ihnen die Zunge raus. Andere Bewohner des Aquariums, wie Schildkröten und Fische, lassen sich sogar anfassen und füttern.

Danach bietet sich ein Besuch im Khao Kheow Open Zoo ➤ S. 91 an, wo man nicht nur viele Tiere „in freier Wildbahn" beobachten und streicheln, sondern auch Köstlichkeiten wie Rambutan, Litschi und Co. probieren kann: vor allem im Mai und Juni, wenn im Gartenlokal des Vergnügungsparks alle Früchte mundwässernd auf einem Tisch präsentiert werden – die volle Obstdröhnung sozusagen.

INSEL MIT SONNENUNTERGANG

Dein nächstes Ziel ist die Insel ❹ Ko Samet ➤ S. 90. Dort verbringst du zwei entspannte Tage im angenehmen Vongdeuan Resort *(64 Zi. | Mobiltel. 09 12 34 77 70 | vrsamed.com | €€-€€€)* direkt am feinen Sandstrand. Mit dem Minibus fährst du *auf dem Hwy. 3 die Küste entlang nach Ban Phe, wo du mit dem resorteigenen Fährboot auf die Insel übersetzt.* Nur

TAG 3-4

❹ **Ko Samet**
108 km 2 Std. 50 Min.

ERLEBNISTOUREN

zehn Minuten Fußweg vom Resort entfernt liegt ein toller Aussichtspunkt zum Sonnenuntergang. *Geh durch den Eingang Richtung Straße und folge den „Sunset"-Schildern zu den Klippen auf der anderen Inselseite.*

KATHEDRALE, KRÄUTERSUPPE UND JUWELEN

Mit der Mittagsfähre gelangst du zurück aufs Festland und fährst mit einem gecharterten Taxi auf dem Hwy. 3 ins charmante Städtchen ❺ Chanthaburi ➤ S. 90. Hier steht die größte Kathedrale Thailands, Notre-Dame, und im Restaurant Chanthorn Phochana *(102/ 5-8 Benjamarachuthid Road | Tel. 0 39 30 23 50 | Facebook: Chanthornrestaurant | €)* wird die lokale Spezialität *bai cha moung* aufgetischt, eine leckere, gehaltvolle Kräutersuppe. Der Ort bezieht seinen Reichtum aus dem Handel mit Saphiren und Rubinen, die du im Chanthaburi Gem & Jewelry Center *(tgl. 8–19 Uhr | Sri Chan Road)* begutachten kannst. Du wohnst im zweckmäßig-komfortablen Kasemsarn Hotel *(60 Zi. | 98/1 Benjamarachuthid Road | Tel. 0 39 31 23 40 | hotel kasemsarn.com | €).*

TAG 5
❺ Chanthaburi
88 km 1 Std. 50 Min.

NOCH EINE INSEL: MIT STRAND, KAJAKTOUR UND KREUZFAHRT

Am folgenden Tag *bringt dich ein Taxi auf dem Hwy. 3 und der Nationalstraße 3156 zum Fährhafen Ao Thammachat nahe Trat. Hier setzen die Fähren regelmäßig in einer knappen Stunde auf die Insel* ❻ Ko Chang ➤ S. 91 über. Du beziehst dein Zimmer im Klong Prao Resort *(126 Zi. | Mobiltel. 08 19 45 43 53 | Facebook: @ klongpraoresort.kohchang | €€–€€€)* am gleichnamigen Strand, und das Chillen kann beginnen. An den letzten beiden Tagen auf der Insel wirst du noch einmal aktiv: bei einer Kajaktour mit Kayak Chang *(Klong Prao Beach | im Amari Emerald Cove Resort | emeraldcove kohchang.com)* und einer Kreuzfahrt durch den Archipel mit *Thaifun Day-Cruise (Mobiltel. 08 10 03 48 00).*

TAG 6-9
❻ Ko Chang
67 km 1 Std. 35 Min.

Am neunten Tag geht es wieder *zurück aufs Festland und mit dem Taxi nach* ❼ Trat, wo du Flüge zurück nach Bangkok nehmen kannst.

❼ Trat

GUT ZU WISSEN
DIE BASICS FÜR DEINEN URLAUB

ANKOMMEN

ANREISE
Bangkoks Airport Suvarnabhumi *(suvarnabhumi.airportthai.co.th)* – gesprochen: „Suwannapum" – wird von den meisten europäischen und asiatischen Fluggesellschaften angeflogen (ab Frankfurt am Main ca. 11 Std.). Chartergesellschaften landen auch auf Phuket. Selbst in der Hochsaison im Dezember/Januar werden Retourflüge von renommierten Fluggesellschaften wie Lufthansa (ab Frankfurt) oder Thai Airways (ab Frankfurt und München) für rund 900–1000 Euro angeboten. Billigflieger offerieren Tickets zur Nebensaison schon ab ca. 600 Euro.

Von den Flughäfen Bangkok und Phuket kommt man am günstigsten mit dem Zug (Bangkok, *bangkokairporttrain.com*), mit dem Shuttle- oder Minibus oder einem *Public Taxi* mit Taxameter in die Stadt bzw. an die Strände. Eine Taxifahrt vom Flughafen Bangkok in die City kostet z. B. 400–500 Baht plus Autobahngebühren (ca. 60 Baht), vom Flughafen Phuket an den Patong Beach rund 800 Baht. Die Taxitickets werden zu Festpreisen an Schaltern oder Terminals ausgegeben.

> **+ 6 bzw. 5 Stunden Zeitverschiebung**
>
> Mitteleuropäische Zeit (MEZ) plus sechs Stunden, während der Sommerzeit nur fünf Stunden.

EINREISE
Deutsche, Österreicher und Schweizer dürfen bei Einreise mit dem Flugzeug ohne zuvor beantragtes Visum maximal 30 Tage im Land bleiben (Visa on arrival; bei Einreise über Land Deutsche 30 Tage, Österreicher und

Mit Bus und Tuk-Tuk: Alltag in Bangkoks Chinatown

Schweizer 15 Tage). Der Reisepass muss mindestens noch sechs Monate gültig sein, ein Rückflug- bzw. Weiterreiseticket muss vorliegen. Touristenvisa für 31–60 Tage Aufenthalt (in Deutschland und Österreich 35 Euro, in der Schweiz 34 Franken) können online unter *thaievisa.go.th* beantragt werden, jedoch frühestens drei Monate vor Reiseantritt. Bei den Tarifen gibt es oft Änderungen. Die Einreisebestimmungen aufgrund der Coronakrise ändern sich ebenfalls häufig (Infos: *auswaertiges-amt.de* | *german.thaiembassy.de/allgemeine-informationen*).

KLIMA & REISEZEIT

In der „kühlen" Jahreszeit und Hauptreisesaison von November bis Februar liegen die Tagestemperaturen bei 30 Grad, im Norden noch darunter. Danach wird es bis ungefähr Mai sehr heiß bis zu 40 Grad. In der Regenzeit von Mai bis Oktober gehen die Temperaturen etwas zurück, aber dafür steigt die Luftfeuchtigkeit. Am ruhigsten ist die See von Dezember/Januar bis März/April. Ko Samui bekommt von Oktober/November bis Dezember die Ausläufer des Nordostmonsuns ab (die meisten Stürme im November). Dafür fällt die landesweite Regenzeit von Juli bis Oktober nicht sehr heftig aus, sodass der europäische Frühling und Sommer für die Inseln im Golf von Thailand die beste Reisezeit sind. Während des Monsuns ist Schwim-

> **Adapter Typ A**
>
> Netzspannung 220 Volt, meist passen Schukostecker. In der Provinz werden teils noch Stecker mit flachen Polen verwendet, Zwischenstecker gibt's in Elektrogeschäften und *7-Eleven*-Märkten.

men im Meer lebensgefährlich. In und um Chiang Mai kommt es wegen der *burning season* (Brandrodungssaison, Waldbrände) in der Trockenzeit oft zu verstärkter Luftverschmutzung und Feinstaubbelastung. Im März/April sollte man daher vor allem als Asthmatiker oder mit Kleinkindern nicht in den Norden oder in ländliche Regionen reisen bzw. gleich auf den Landessüden ausweichen (Infos: *air4thai.pcd.go.th* und die App *AirVisual*).

Die Meeresnationalparks sind in der Regel von Mitte Mai bis Mitte Oktober (teils auch bis Mitte November) wegen des hohen Wellengangs und schlechter Tauchsicht geschlossen (z. B. Surin-Inseln, Similan-Inseln, die Inseln vor Krabi und Ko Lanta, Ko Phi Phi Le). Der Ang-Thong-Nationalpark im Golf von Thailand ist im Zeitraum 20. Okt.–20. Dez. meist geschlossen. Im Khao-Sok-Nationalpark sind auf dem Höhepunkt der Regenzeit (hier: 1. Juli–15. Sept.) die Höhlen und einige Wasserfälle geschlossen. Hiermit muss man in der Hauptregenzeit in allen Nationalparks mit Höhlen rechnen.

WEITER- KOMMEN

INLANDSFLÜGE

Fast jede größere Provinzstadt ist preiswert mit dem Flugzeug von Bangkok aus zu erreichen. Mit Thai Airways *(thaiairways.com)* kostet z. B. ein Flug nach Phuket return ab 100 Euro. Teilweise bis zu 80 Prozent günstiger bringen dich Air Asia *(airasia.com)*, Bangkok Airways *(bangkokair.com)*, Nok Air *(nokair.com)* oder Lion Air *(lionairthai.com)* ans Ziel. Inlandsflüge kosten so kaum mehr als die Fahrt mit (gefährlicheren) Überlandbussen.

MIETWAGEN & VERKEHR

Die großen Autoverleiher sind auch in Thailand aktiv. Ein Kleinwagen kostet ab ca. 25 Euro pro Tag *(billiger-mietwagen.de)*. Wichtig ist eine Versicherung, die sowohl Personen- als auch Sachschäden einschließt. Ein internationaler Führerschein wird von den Verleihfirmen zwar anerkannt, ist aber laut Auswärtigem Amt in Thailand nicht gültig. Es herrscht Linksverkehr. Auf Autobahnen sind 120 km/h erlaubt, auf Highways und Nationalstraßen 80–100 km/h. Promillegrenze: 0,0.

Thailand gehört weltweit zu den Ländern mit den meisten Verkehrstoten. Man sollte immer passiv agieren und notfalls auf den Seitenstreifen ausweichen. Nervenschonende Alternative zum Selbstfahren ist ein Mietwagen mit Fahrer (oft nur etwa 15 Euro Aufpreis für einen Achtstundentag).

MOTORRAD

Die Berge des Nordens mit ihren Kurvenstraßen und Pisten sind eine Herausforderung und ein Erlebnis für erfahrene Biker *(gt-rider.com)*. Aber: Motorradfahren in Thailand ist gefährlich! Drei Viertel der vielen Unfalltoten im Land sind Zweiradfahrer, darunter auch Touristen, trotz Helmpflicht. Der Versicherungsschutz ist unzureichend, ein Krankenwagen ist in der Regel nicht schnell genug am Unglücksort.

GUT ZU WISSEN

FESTE & EVENTS
RUND UMS JAHR

JANUAR
Bor-Sang-Schirmfestival: Im Schirmmacherdorf Bor Sang nahe Chiang Mai präsentieren junge Frauen in Festgewändern bei einem Umzug die schönsten handbemalten Papierschirme

JANUAR/FEBRUAR
Chinesisches Neujahrsfest: Das neue Jahr wird in Bangkoks Chinatown und weiteren Städten mit einer Drachen-und-Löwen-Parade begrüßt

FEBRUAR
Flower Festival: Dreitägiges buntes Volksfest in Chiang Mai mit großer Pflanzenshow und einem Umzug mit Musik

APRIL
★ **Songkran:** Das Neujahrsfest ist das wildeste Fest von allen. Die Menschen bespritzen und überschütten sich mit Wasser. Auch Touristen bekommen ihre Dusche ab, besonders beim großen Umzug in Chiang Mai

MAI
★ **Königliche Zeremonie des Pflügens:** Prächtiges Spektakel zum Beginn der Reispflanzsaison vor dem Königspalast in Bangkok

SEPTEMBER/OKTOBER
Büffelrennen: In Chonburi (bei Pattaya) sind Bauernjungen die Jockeys und Wasserbüffel die Reittiere

Vegetarierfestival: Bizarres Fest auf Phuket, Teilnehmer in Trance treiben sich u. a. Spieße oder Haken ins Fleisch

NOVEMBER
★ **Loi Kratong:** Zum Vollmond werden Tausende Körbchen mit Blumen, Räucherstäbchen und Kerzen aufs Wasser gesetzt, am romantischsten in Sukhothai, Ayutthaya und Chiang Mai (Foto)

NOVEMBER/DEZEMBER
River Kwai Bridge Week: Die Brücke am Kwai und die „Todeseisenbahn" stehen im Mittelpunkt einer Festwoche mit Feuerwerk, Licht- und Soundshow

WAS KOSTET WIE VIEL?

Nudelsuppe	0,60–1,80 Euro für eine Schale aus der Garküche
T-Shirt	3–5 Euro beim Straßenhändler
Trinkwasser	0,25–0,60 Euro für eine Flasche (1 l) im Supermarkt
Busfahrt	2–3 Euro Bangkok–Ayutthaya im Minibus
Benzin	ca. 1,20 Euro für 1 l Super
Massage	9 Euro für 1 Std. am Strand

ÖFFENTLICHE VERKEHRSMITTEL

Die Bahn ist das sicherste und populärste Verkehrsmittel in Thailand. Besonders vor Feiertagen gilt: rechtzeitig reservieren. Es gibt auch Kombitickets auf die Inseln, z. B. mit Zug und Fähre nach Ko Samui. Die Bahnstrecken führen von Bangkok nach Norden, in den Nordosten bis zur laotischen Grenze, an die Ostküste nach Pattaya, nach Westen bis hinter Kanchanaburi und nach Süden bis Malaysia. Achtung, die meisten Linien verkehren nach und nach vom neuen Hauptbahnhof Bang Sue Grand Station, nicht mehr ab Hua Lamphong! Infos: *seat61.com | 12go. asia | in Thailand: Hotline 1690*

Mit Überlandbussen ist von Bangkok aus praktisch jede größere Stadt des Landes zu erreichen. Die Preise variieren je nach Ausstattung, Reiseklasse usw., sind aber verglichen mit Deutschland eher niedrig. Bequem sind die klimatisierten VIP-Busse, die auch mit Schlafsitzen ausgestattet sind (Bangkok – Phuket ca. 25 Euro). Pullover und Ohrstöpsel (gegen die lauten Videos) mitnehmen! Minibusse sind schneller, aber nichts für schwache Nerven. Preise und Buchung: *12go.asia*

Zum Inselhüpfen in der Andaman-See und im Golf von Thailand eignen sich die Autofähren (z. B. nach Ko Samui, *rajaferryport.com*) sowie Express- und Schnellboote. In der Regenzeit von Mai bis Oktober können sie in der Andaman-See allerdings wegen des Seegangs eingestellt sein. Zu den kleineren Inseln fahren auch gecharterte Longtail-Fischerboote, gelegentlich muss man von der Fähre für die letzte Inseletappe in ein solches umsteigen.

TAXI & TUK-TUK

Sogenannte *Meter Taxis,* die auch den Taxameter einschalten, gibt es in allen größeren Städten und Urlaubsorten wie Bangkok, Chiang Mai und Phuket. Überall sonst muss der Fahrpreis vor Antritt der Fahrt ausgehandelt werden. Der erste Kilometer im *Meter Taxi* kostet 35 Baht, jeder weitere 6 Baht (insgesamt ca. 40–50 Baht für eine Kurzstrecke). Zu diesen Preisen ist es fast unmöglich, ein dreirädriges Tuk-Tuk zu chartern. Die Fahrer verlangen oft Phantasiepreise. Rechne mit mindestens 60 Baht pro Tuk-Tuk-Kurzstrecke (deutlich machen: pro Fahrt, nicht pro Person). Auf keinen Fall auf „20-Baht-Fahrten" oder „Gratistouren" eingehen! Wer gern Tuk-Tuk fahren will, sollte den ungefähr angemessenen Preis an der Hotelrezeption erfragen, einen Fahrer ansprechen (nicht ansprechen

GUT ZU WISSEN

lassen und nicht direkt vor dem Hotel) und dann hart verhandeln, am besten auf Thai. Eine Taxi-App, die sich vor allem für längere Strecken lohnt, ist *Grab Taxi* (Zahlung per Kreditkarte).

IM URLAUB

FEIERTAGE

Religiöse Feste fallen meist auf Vollmondtage, weshalb ihre Daten sich jährlich ändern. *tourismthailand.org*

1. Jan.	Neujahr
Vollmond im Februar	*Makha Pucha*
6. April	Chakri-Tag
12./13.-15. April	*Songkran* (thailändisches Neujahr)
1. Mai	Tag der Arbeit
4. Mai	Krönungstag von König Maha Vajiralongkorn
Vollmond im Mai	*Visakha Pucha*
Vollmond im Juli	*Asaha Pucha*
Tag nach dem Vollmond im Juli	*Khaopansa* (Beginn der buddhistischen Fastenzeit)
28. Juli	Geburtstag von König Maha Vajiralongkorn
12. Aug.	Geburtstag von Königin Sirikit
13. Okt.	Todestag von König Bhumibol
23. Okt.	Todestag von König Chulalongkorn
5. Dez.	Geburtstag von König Bhumibol
10. Dez.	Tag der Verfassung
31. Dez.	Silvester

FOTOGRAFIEREN

Bevor du Menschen fotografierst, solltest du mit einem Lächeln um Erlaubnis fragen. Das gilt besonders dann, wenn du muslimische Thais ablichten möchtest.

GELD & KREDITKARTEN

Der thailändische Baht wird in 100 Satang unterteilt (gibt es nur noch in Supermärkten als Wechselgeld). Im Umlauf sind Münzen zu 1, 2, 5 und 10 Baht sowie Scheine zu 20, 50, 100, 500 und 1000 Baht.

Mit einer EC-/Girokarte (mit Maestro-Symbol) bekommt man Geld an allen neueren Automaten (ATM) mit dem V-Pay-Zeichen. Mit den neuen Chipkarten des V-Pay-Systems kann es allerdings an älteren ATM Probleme geben. Visa wird von allen großen Banken akzeptiert. Auch Mastercard/Eurocard ist verbreitet. Mit der American Express Card gibt es nur bei den Filialen der Bangkok Bank Bargeld. Für Abhebungen per Automat verlangen alle Banken eine Gebühr von 220 Baht; damit ist manchmal sogar der Bargeldwechsel an der Hotelrezeption oder beim lizenzierten Geldwechsler günstiger. Man sollte also lieber bar wechseln oder gleich größere Summen am Automaten abheben.

INSIDER-TIPP
Sparfüchse aufgepasst: Bankgebühren beachten!

Bei Verlust der Karte sollte man diese sofort im Heimatland sperren lassen (in Deutschland *Tel. 116116*). Kreditkarten werden in vielen Geschäften nur gegen einen – nicht korrekten! – Aufschlag von ein paar Prozent akzeptiert. Wenn du in solchen Fällen Barzahlung anbietest, lässt sich der Preis oft noch etwas herunterhandeln.

Viele der besseren Geschäfte, Restaurants und Hotels erheben auf den Preis eine Mehrwertsteuer (VAT) von 7 Prozent. Bei anderen heißt es *VAT included* (im Preis schon drin).

GESUNDHEIT

Impfungen sind nicht vorgeschrieben, teils aber zu empfehlen *(auswaertiges-amt.de)*. Im Dschungel nahe Myanmar und Kambodscha besteht Malariagefahr (Infos zur Prophylaxe: *dtg.org | crm.de*). Dengue-, Zika- und Chikungunya-Fieber werden landesweit von tagaktiven (!) Mücken übertragen. Schutz bieten helle, langärmelige Kleidung, Sprays und Räucherspiralen *(mosquito coils)*. Bei ungeschütztem Geschlechtsverkehr besteht ein großes Risiko, sich mit Geschlechtskrankheiten oder HIV/Affenpocken zu infizieren. Leitungswasser sollte man nicht trinken, zum Zähneputzen ist es unproblematisch.

In Bangkok und den Tourismuszentren praktizieren Ärzte und Zahnärzte, die in Europa oder Amerika ausgebildet wurden. Insbesondere die privaten Krankenhäuser sind denen im Westen in puncto Service und Preis-Leistungs-Verhältnis oft sogar voraus. Von hohem Standard sind auch viele eigenständige Arzt- und Zahnarztpraxen. Alle Krankenhäuser bieten einen 24-Stunden-Notfalldienst. Da es in Thailand kein landesweit organisiertes Rettungswesen gibt, müssen Krankenwagen direkt vom Krankenhaus angefordert werden. Es empfiehlt sich, eine Auslandskrankenversicherung mit Rücktransport im Notfall abzuschließen.

Aufgrund der Coronakrise gilt in Thailand Maskenpflicht in öffentlichen Gebäuden, Hotels, Verkehrsmitteln und Einkaufszentren sowie an Stränden (Stand bei Redaktionsschluss dieses Reiseführers | Infos auf *thailandtourismus.de*).

INTERNETZUGANG & WLAN

In vielen Lokalen und fast allen Hotels kommst du mit deinem eigenen Gerät via WLAN (WiFi) ins Netz. Für das Passwort verlangen teure Hotels vereinzelt noch extrem hohe Gebühren, meist bekommst du es jedoch kostenlos. Deutlich bequemer und günstiger ist es, wenn du mit deinem Handy und einer thailändischen SIM-Karte online gehst. Die gibt's in jedem *7-Eleven*-Minimarkt (Reisepass mitnehmen!).

GRÜN & FAIR REISEN

Du willst beim Reisen deine CO_2-Bilanz im Hinterkopf behalten? Dann kannst du deine Emissionen kompensieren *(atmosfair.de; myclimate.org)*, deine Route umweltgerecht planen *(routerank.com)* oder auf Natur und Kultur *(gate-tourismus.de)* achten. Mehr über ökologischen Tourismus erfährst du hier: *oete.de* (europaweit); *germanwatch.org* (weltweit).

STRÄNDE

Die zu Tausenden in Reih und Glied stehenden Sonnenliegen und -schirme zur Miete und ganze wild verteilte Campingausrüstungen sind von den meisten Stränden verbannt worden, ebenso die illegalen Strandbuden, Beachbars und Händler. Liegen mit Schirm gibt es nur noch in bestimmten Arealen („Umbrella Zone 10 %") und vor Hotels, man darf allerdings nicht mehr mitsamt Liege und Schirm „umziehen". An öffentlichen Stränden herrscht zudem Rauchverbot.

GUT ZU WISSEN

TELEFON & HANDY

Vorwahl Deutschland 00149, Österreich 00143, Schweiz 00141, dann die Ortsnetzkennzahl ohne Null. Vorwahl nach Thailand 0066, dann die örtliche Nummer ohne Null. In Thailand gibt es keine Ortsvorwahlen, die angegebenen Telefonnummern müssen deshalb auch bei Ortsgesprächen vollständig gewählt werden.

Die Roaminggebühren sind sehr hoch. Auch Anrufe über Hoteltelefone sind oft sehr teuer, hier empfiehlt sich ein Rückruf aus Deutschland im Hotelzimmer über die spottbilligen Call-by-Call- oder Call-through-Nummern.

Wer nicht mit Whatsapp oder Skype um die Welt telefoniert, kommt vor Ort am günstigsten mit einer thailändischen SIM-Karte mit eigener Telefonnummer weg – sofern das Handy nicht für andere SIM-Karten gesperrt ist. Die wiederaufladbaren Karten gibt es in allen *7-Eleven*-Läden (Reisepass mitnehmen!). Mit der offiziellen Vorwahl 00149 kostet der Anruf nach Deutschland ca. 10 Baht pro Minute. Die thailändischen Mobilfunkfirmen bieten aber auch eigene Billigvorwahlen an, z.B. *True Move* (true.th) ab 1 Baht pro Minute, außerdem *AIS* (ais.th) und *DTAC* (dtac.co.th). Ein Zweithandy für die thailändische SIM-Karte ohne Schnickschnack und Vertragsbindung gibt es schon ab ca. 25 Euro, gebrauchte Handys noch günstiger.

TRINKGELD

Trinkgeld, der *tip*, ist in sehr einfachen Lokalen oder an Essensständen nicht üblich. Viele bessere Restaurants und Hotels erheben bereits eine *service charge* (Bedienungszuschlag) von 10 Prozent, mit Steuern 17 Prozent. In Restaurants ohne *service charge,* aber mit gutem Service sind 10 Prozent Trinkgeld angemessen, ebenso ein kleiner Obolus für den Gepäckträger oder Roomboy im Hotel oder für freundliche Taxifahrer (etwa das Wechselgeld).

ÜBERNACHTEN

Viele Hotels erheben für die *Peak Season* zwischen Weihnachten und Neujahr Zuschläge von 10–20 Prozent auf die Hauptsaisonpreise. In der Vor- und Nachsaison gibt es oft hohe Preisnachlässe, vor allem bei Onlinebuchung. Bei Buchungen vor Ort nach einem *discount* fragen! Hotelzimmer sind in Thailand immer Doppelzimmer, bei Einzelbelegung zahlt man denselben Preis. Die Preise sind bei Pauschalarrangements (Flug und Unterkunft) oft deutlich niedriger, als wenn du selbst direkt buchst. Gehobene Unterkünfte verlangen einen Steuer- und Servicezuschlag von bis zu 17 Prozent. Achte bei der Buchung darauf, dass dieser bereits inklusive ist, damit es später keine Überraschung gibt. Vorsicht auch vor dem *compulsory dinner:* Leider verpflichten immer mehr Hotels ihre Gäste zu diesem teuren Dinner an Weihnachten und Neujahr.

NOTFÄLLE

DIPLOMATISCHE VERTRETUNGEN
– Deutsche Botschaft: Mo-Fr 8.30– 11.30 Uhr | 9 South Sathorn Road | Bangkok 10120 | Tel. 0 22 87 90 00 |

Mobiltel. für Notfälle 08 18 45 62 24 | bangkok.diplo.de
– Österreichische Botschaft: Mo–Fr 9–12 Uhr | South Sathorn Road | Bangkok 10120 | Tel. 02 10 5 67 10 | bmeia.gv.at/oeb-bangkok
– Schweizer Botschaft: Mo–Fr 9–11.30 Uhr | 35 North Wireless Road | Bangkok 10330 | Tel. 0 26 74 69 00 | eda.admin.ch/bangkok

Deutschland und Österreich unterhalten auch Honorarkonsulate in Chiang Mai, Pattaya und auf Phuket (Adressen auf den Websites der Botschaften).

WICHTIGE HINWEISE

KINDERSCHUTZ
Du hast Mitleid? Du willst Gutes tun und kaufst deshalb Kindern Blumen, Kaugummis oder Zigaretten ab? Tu es nicht, rät die Kinderschutzorganisation *Childwatch Phuket (childwatchphuket.org):* „Je mehr ihnen abgekauft wird, umso sicherer ist es, dass sie bis in die frühen Morgen arbeiten müssen." Es ist nicht die schiere Not, die Kinder zu Nachtarbeitern in den Barvierteln macht, sondern knallhartes Geschäft, von Hintermännern ebenso straff organisiert wie die Bettelei.

SICHERHEIT
Für Touristen zuständig ist die *Tourist Police,* die landesweit unter *Tel. 11 55* verständigt werden kann. Meist geht es um die betrügerischen Machenschaften der Taxi- und Jetski-Mafia oder Drogenmissbrauch bei Vollmondpartys. Nicht selten nehmen Touristen unwissentlich Drogen zu sich, vor allem für junge Frauen gilt: Vorsicht vor gepanschten Drinks! Frauen sollten auch niemals nachts allein am Strand unterwegs sein. Auf keinen Fall sollte man sich mit der Jetski-Mafia anlegen: Es ist gang und gäbe, dass die Vermieter für angebliche Schäden an den Scootern horrenden Ersatz fordern, Bedrohungen inklusive. Da das Jetskifahren ohnehin lebensgefährlich ist, lässt man am besten gleich die Finger davon.
Leider ist es schon zu Betrugs- und Erpressungsversuchen von korrupten Polizisten wegen Bagatelldelikten gekommen. In diesen Fällen wende dich gleich an die Botschaft. Die restlichen Trickbetrüger, wie Tuk-Tuk-Schlepper oder selbst ernannte Bettelmönche und Englischlehrer, sind harmlos, wenn man sie erst einmal mit gesundem Menschenverstand erkannt hat.
Das Auswärtige Amt *(auswaertiges-amt.de)* rät seit den Bombenanschlägen in den Jahren 2015–17 und wegen der zunehmenden Kriminalität (vor allem auf Phuket und Ko Samui sowie in Pattaya) zu erhöhter Vorsicht.

THAI-MASSAGE
Eine alte Tradition – allerdings sind einige der 51 Grifftechniken umstritten, besonders wenn sie von unzureichend ausgebildeten Masseuren angewendet werden, etwa den Strandmasseurinnen mit Schnellkurs. Ihnen fehlt das medizinisch-physiologische Grundwissen, auch über mögliche Vorerkrankungen der Klienten. Das thailändische

GUT ZU WISSEN

Rote Kreuz rät vor allem älteren Menschen, folgende Griffe nicht zuzulassen: das minutenlange Abdrücken der Hauptschlagader in der Leiste und den chiropraktischen (schlimmstenfalls im wahrsten Sinne finalen) Ruck am Kopf zum Schluss jeder Ganzkörpermassage.

ZOLL

Bei der Einreise müssen Devisen im Wert von über 20 000 US-Dollar deklariert werden. Verboten ist die Einfuhr von Waffen, Drogen und Pornografie sowie E-Zigaretten, Vaporizern und deren Zubehör u.Ä. Für die Ausfuhr von Buddhastatuen und Antiquitäten ist eine Genehmigung des *Fine Arts Department (Tel. 0 21 26 62 52 | fine arts.go.th)* in Bangkok erforderlich, die seriöse Geschäfte für ihre Kunden besorgen. Zahlreiche Tierprodukte sowie historisch wertvolle Buddhastatuen dürfen gar nicht ausgeführt werden.

Bei Einreise in die EU auf dem Luft- oder Seeweg gilt für Waren des persönlichen Bedarfs die Freigrenze von 430 Euro (Schweiz: 300 Franken). Gefälschte Markenprodukte dürfen nur für den Eigenbedarf mitgebracht werden, bei Mengen von mehr als einem Stück besteht das Risiko, dass die „überschüssige" Ware beim heimischen Zoll beschlagnahmt wird. Zollfreie Mengen in die EU: u. a. 200 Zigaretten und 1 l Getränke mit mehr als (oder 2 l mit bis zu) 22 Vol.-% Alkoholgehalt. In die Schweiz: u. a. 250 Zigaretten, 5 l Getränke mit bis zu 18 Vol.-% und 1 l mit mehr als 18 Vol.-% Alkoholgehalt. *zoll.de | ezv.admin.ch*

WETTER IN BANGKOK

Hauptsaison
Nebensaison

	JAN.	FEB.	MÄRZ	APRIL	MAI	JUNI	JULI	AUG.	SEPT.	OKT.	NOV.	DEZ.
Tagestemperaturen	32°	33°	34°	35°	34°	33°	32°	32°	32°	31°	31°	31°
Nachttemperaturen	20°	23°	24°	26°	25°	25°	25°	24°	24°	24°	23°	20°
Sonnenschein Stunden/Tag	8	8	8	10	8	6	5	5	5	6	7	8
Niederschlag Tage/Monat	1	2	3	4	13	14	15	15	17	13	4	1
Wassertemperatur in °C	26	27	27	28	28	28	28	28	28	27	27	27

SPICKZETTEL ENGLISCH

NÜTZLICHES

Deutsch	English	Aussprache
Wo finde ich einen Internetzugang/WLAN?	Where can I find internet access/Wifi?	wär känn ai faind 'internet 'äkzäss/waifai?
Ich möchte … Euro wechseln.	I'd like to change … euro.	aid laik tu tschäindsch … iuhro
Ich möchte ein Auto/ein Fahrrad mieten.	I would like to rent a car/a bicycle.	ai wud laik tə ränt ə kahr/ə 'baisikl.
Darf ich fotografieren?	May I take a picture?	mäi ai täik ə 'piktscha?
Fahrplan/Fahrschein	schedule/ticket	'skädjuhl/'tikət
Fieber/Schmerzen	fever/pain	fihvə/peyn
Apotheke/Drogerie	pharmacy/chemist	'farməssi/kemist
kaputt/funktioniert nicht	broken/doesn't work	'brəukən/'dasənd wörk
Panne/Werkstatt	breakdown/garage	'bräikdaun/'gärasch
Hilfe!/Achtung!/Vorsicht!	Help!/Attention!/Caution!	hälp/ə'tänschən/'koschən

ZEIGEBILDER

ESSEN & TRINKEN

Die Speisekarte, bitte.	The menu, please.	Də 'mänjuh plihs
Messer/Gabel/Löffel	knife/fork/spoon	naif/fohrk/spuhn
Salz/Pfeffer/Zucker	salt/pepper/sugar	sohlt/'päppə/'schuggə
Essig/Öl	vinegar/oil	'viniga/oil
mit/ohne Eis/Kohlensäure	with/without ice/gas	wiD/wiD'aut ais/gäs
Vegetarier(in)/Allergie	vegetarian/allergy	wätschə'täriən/'ällədschi
Rechnung/Quittung	bill/receipt	bill/ri'ssiht
Ich möchte zahlen, bitte.	May I have the bill, please?	mäi ai häw De bill plihs
bar/Kreditkarte	cash/credit card	käsch/krädit kahrd

THAI SPRECHEN

Kursives (= männliche Form) ist bei Bedarf entsprechend durch [...] (= weibliche Form) zu ersetzen.

Ja./Nein.	*kap [ka]*, tschai/mai tschai	ครับ(ค่ะ) ใช่/ไม่ใช่
Bitte./Danke.	koo ... noi/kop khun *kap [ka]*	ขอ...หน่อย/ขอบคุณครับ(ค่ะ)
Entschuldigung!	koo thoot	ขอโทษ !
Guten Tag!/Guten Abend!	sawadii *kap[ka]*	สวัสดีครับ(ค่ะ)
Auf Wiedersehen!	sawadii	สวัสดี !
Ich heiße ...	tschan dschu ...	ฉันชื่อ ...
Ich komme aus ...	tschan ma dschag ...	ฉันมาจาก ......
... Deutschland.	... pratet Jeraman	ประเทศเยอรมัน
... Österreich./Schweiz.	... pratet Austria/Switzerland	ประเทศออสเตรเลีย/ประเทศสวิส
Ich verstehe Sie nicht.	tschan mai kautschai khun	ฉันไม่เข้าใจคุณ
Wie viel kostet es?	ni laka taulai	นี่ราคาเท่าไร ?
Bitte, wo ist ...?	koo toot *kap [ka]* ... juu thi nai	ขอโทษครับ(ค่ะ) ... อยู่ที่ไหน ?

1	nüng	หนึ่ง	5	haa	ห้า	9	gau	เก้า
2	soong	สอง	6	hok	หก	10	sip	สิบ
3	saam	สาม	7	dschet	เจ็ด	20	jii sip	ยี่สิบ
4	sii	สี่	8	bäät	แปด	100	nüng roi	หนึ่งร้อย

URLAUBS FEELING

ZUM EINSTIMMEN & AUSKLINGEN

LESESTOFF & FILMFUTTER

📖 THAILAND FÜRS HANDGEPÄCK
Was passiert bei einer „Highway-Familie" im Bangkoker Stau? Das erfährst du in dieser Sammlung von Geschichten einheimischer Autoren (2007)

📖 NANA PLAZA
Spannend und mit viel Lokalkolorit führt der Krimi (2001) von Christopher G. Moore ins gleichnamige Barviertel in Bangkok und in die Unterwelt

🎬 FACK JU GÖHTE II
Der „coolste Lehrer der Welt" auf Klassenfahrt: in Krabi, in der Bucht von Phang Nga und auf Ko Phi Phi, wo die Berliner Gören die heile thailändische Welt mit Sprüchen und Chaos auf den Kopf stellen (2015)

🎬 THE RESCUE
Doku mit Gänsehautgarantie: Das Unglück in der überfluteten Höhle Tham Luang hielt 2018 die Welt in Atem, bis Taucher die zwölf Jungen und ihren Fußballtrainer retteten (2021)

🎬 ONG-BAK
In Thailand ist er ein Superstar: Tony Jaa kickboxt sich durch Bangkok auf der Jagd nach einem gestohlenen Buddhakopf – ein Kultstreifen (2003)

PLAYLIST QUERBEET

0:58

▎ **PLOYCHOMPOO AKA JANNINE WEIGEL** – HEART STOP
Hinter dem Pop- und Youtube-Star, zugleich extrem erfolgreiche Werbefigur und Jungschauspielerin, verbirgt sich eine Thailanddeutsche

▶ **JOB 2 DO** – DO-THER-TUM (DOO DOO DOO)
Ein echter Rekord: Zehn Jahre in den Thai-Hitparaden – chilliger Beachreggae, am besten live in Ko Payam

▶ **BIG ASS** – LOVE
Handgemachter, melodischer Rock, seit 20 Jahren in den Thai-Charts – also die Thai-Rocker schlechthin

▶ **EBOLA** – STILL ALIVE
Hard Metal aus dem Königreich, auch das geht (ab)

▶ **MURRAY HEAD** – ONE NIGHT IN BANGKOK
Klassiker aus dem Musical *Chess* (1986) von den beiden „Abba"-Männern, immer noch mitreißend

Den Soundtrack zum Urlaub gibt's auf **Spotify** unter MARCO POLO Thailand

Oder Code mit Spotify-App scannen

AB INS NETZ

TRAVELFISH.ORG
Freche Schreibe, Lob und Kritik. Die coolste Website für Budgetreisende auf der Suche nach preiswerten Unterkünften

WHAT'S ON
Jede Menge Tipps für Foodies und Tattooies, Biker und andere Entdecker, nicht nur rund um Bangkoks Sukhumvit-Meile *(whatsonsukhumvit.com)*

360CITIES.NET
Einmal 360 Grad durch Thailand: Mit den Panoramafotos kann man sich einstimmen auf Strände und Tempel – ohne Youtube-Wackeln und peinliche Kommentare

THAILANDSUN.COM
Spannende Filme und Serien: unter „Thailand aktuell" den Menüpunkt „Spielfilme & Storys" auswählen

HOME IS WHERE YOUR BAG IS
Zwei Reiseblogger nehmen dich mit auf ihre Entdeckungstouren in Thailand, zum Beispiel auf Ko Chang, in Chiang Mai oder Bangkok *(short.travel/tai10)*

TRAVEL PURSUIT

DAS MARCO POLO URLAUBSQUIZ

Weißt du, wie Thailand tickt? Teste hier dein Wissen über die kleinen Geheimnisse und Eigenheiten von Land und Leuten. Die Lösungen findest du in der Fußzeile. Und ganz ausführlich auf den S. 18–23.

❶ Wie isst man die Nudelsuppe in Thailand?
a) mit Stäbchen
b) aus der Schüssel schlürfend
c) mit den Fingern

❷ Wie viel Prozent der Thais sind Buddhisten?
a) 32 Prozent
b) 64 Prozent
c) 95 Prozent

❸ Wie viele Menschen zählen zu den Bergvölkern Thailands?
a) rund 100 000
b) mehr als eine halbe Million
c) nur ein paar Hundert

❹ Womit kämpfen Muay-Thai-Kämpfer?
a) mit einem Holzstab
b) mit Fäusten und Füßen
c) mit einem edelsteingeschmückten Degen

❺ Womit schützen sich die Thais vor Unglück?
a) mit einem kräftigen Schluck Rum
b) mit lilafarbener Kleidung am Sonntag
c) mit gesegneten Amuletten

❻ Woran erkennt man thailändische „Butterflies"?
a) an den schillernden Flügeln
b) am Gesang
c) am Adamsapfel

Lösungen: 1a, 2c, 3b, 4b, 5c, 6c, 7b, 8c, 9a, 10b, 11b, 12a

Meditation bei Kerzenschein: Gläubige im Gebet

❼ Wo findest du in Thailand einen Bot?
a) am Strand
b) in einem buddhistischen Tempel
c) im Yachthafen von Pattaya

❽ Für wen bauen die Thais so schöne bunte Puppenhäuschen?
a) für die Hauskatze
b) für streunende Hunde
c) für die Geister

❾ Wer wird mit einem Wai begrüßt?
a) Gleich- und Höherrangige
b) Kinder
c) Bettler

❿ Was ist das beste Outfit für einen Tempelbesuch?
a) geschlossene Stoffschuhe
b) schulter- und kniebedeckende Kleidung
c) weiße Bluse bzw. weißes Hemd

⓫ Wonach schmecken einige Insekten?
a) nach Currywurst
b) nach Popcorn
c) nach Reinigungsmittel

⓬ Was machen Frauen am besten, wenn sie einem Mönch begegnen?
a) Abstand halten
b) wegsehen
c) einen Seidenschal um den Kopf legen

REGISTER

Ancient Siam 127
Andaman Beach (Ko Jum) 112
Ang Thong 114
Ang-Thong-Nationalpark 34, **117**, 132
Ao Nang Beach (Krabi) 109, 110
Ao Sane, Bucht (Phuket) 102
Ao Thammachat 91
Ayutthaya 14, 15, 38, **49**, 133
Bailan 93
Bamboo Bay (Ko Lanta) 111, 112
Ban Amphur (bei Pattaya) 86
Ban Chiang 70, 78, **81**
Ban Ko Jum 112
Ban Nam Khem 106
Ban Phe 90
Ban Rak Thai 69
Ban Saladan 111, 112
Ban Wok Tum 119
Bang Bao 92
Bang Niang Beach (Khao Lak) **106**, 107, 108
Bang Tao Beach (Phuket) 103
Bangkok 14, 15, 16, 20, 22, 30, 31, 32, **42**, 55, 127, 130, 132, 133, 134, 136, 137, 138
Big Buddha Beach (Ko Samui) 115, 117
Bo Phut Beach (Ko Samui) 117
Bor Sang **62**, 133
Brücke am Kwai 39, **51**, 133
Centre Point 91
Chalong 100, 103
Chanthaburi 83, **90**, 129
Chaweng Beach (Ko Samui) 115, **116**, 117
Chaweng Noi, Bucht (Ko Samui) 116
Chiang Mai 19, 32, 33, 34, **60**, 121, 132, 133, 134, 138
Chiang Rai 64
Chiew Lan (Ratchaprapha-Stausee) 126
Choeng Mon, Bucht (Ko Samui) 116
Chonburi 82, 133
Chong Fah, Wasserfall (Khao Lak) 107
Coral Cove (Ko Samui) 116
Death Railway 39, **51**, 52
Doi Inthanon 63
Dong Phayayen 76
Dorf der Seidenweber 75
Dream World 48
Drei-Pagoden-Pass 53
Dschungel von Umphang 33
Elefantencamps (Chiang Mai) 62
Elefantentourismus 18
Elephant Nature Park 62
Erawan-Nationalpark 53
Erawan-Wasserfälle 52
FantaSea 103
Golden Beach (Pattaya) 86
Goldenes Dreieck 66
Hin Lat, Wasserfall (Ko Samui) 114
Hongs (Bucht von Phang Nga) 105
Hua Hin 32
Isan 16, 70
James Bond Island (Ko Tapu) 105
Jomtien Beach (Pattaya) 86
Kai Bae Beach (Ko Chang) **92**, 94
Kamala Beach (Phuket) **102**, 103
Kanchanaburi 32, 39, **50**, 134
Kantiang Bay (Ko Lanta) 111
Kap Promthep (Phuket) 101
Karon Beach (Phuket) 102
Kata 103

Kata Beach (Phuket) 102
Kata Noi (Phuket) 102
Kata Yai (Phuket) 102
Khao Kheow Open Zoo **91**, 128
Khao Lak 34, **106**, 125
Khao Lak Beach (Sunset Beach) 106
Khao Phra Thaeo Park (Phuket) 101
Khao-Laem-Stausee 53
Khao-Sok-Nationalpark **108**, 125, 132
Khao-Yai-Nationalpark 32, 71, **75**
Khitchakut-Nationalpark 91
Khon Kaen 78
Khuk Kak Beach (Khao Lak) 106
Klong Chao Beach (Ko Kut) 95
Klong Jak, Bucht (Ko Lanta) 111
Klong Muang Beach (Krabi) 109
Klong Phrao Beach (Ko Chang) 92
Klong Plu, Wasserfall (Ko Chang) 92
Ko Chang 34, 83, **91**, 129
Ko Jum 112
Ko Kut 83, 91, **94**, 95
Ko Lanta **110**, 132
Ko Lanta Noi 111
Ko Lanta Yai 111
Ko Larn 91
Ko Mae Ko 117
Ko Mak 91
Ko Panyi 105
Ko Phangan 21, 35, **118**, 119
Ko Phi Phi 33, 34, 97, **104**
Ko Phi Phi Don 104
Ko Phi Phi Le 104, 132
Ko Phra Thong 106
Ko Samet **90**, 128
Ko Samui 21, 31, 32, 34, **112**, 119, 131, 134, 138
Ko Tao 34, 119
Ko Tapu (James Bond Island) 105
Ko Wai 91
Ko Wua Talap 118
Kok River 65
Korat (Nakhon Ratchasima) 74
Krabi 97, **108**, 132
Krabi Town 109
Lamai Beach (Ko Samui) 113, **116**, 117
Lampang 63, **122**
Lamphun 121
Lamru-Nationalpark (Khao Lak) 107
Lo Dalam Bay (Ko Phi Phi) 104
Lonely Beach (Tha Nam Beach, Ko Chang) **93**, 94
Long Beach (Ko Lanta) 112
Lot-Höhle 68
Lung Dam Beach (Ko Samet) 90
Lung Wang Bay (Ko Samet) 90
Mae Aw 69
Mae Hong Son 34, **69**
Mae Klong 33
Mae Lanna Cave 68
Mae Nam Beach (Ko Samui) 117
Mae Salong 65
Mae Sot 33, **123**
Mae-Lanna-Höhle 68
Mai Khao, Strand (Phuket) 103
Mai Pai, Bucht (Ko Lanta) 111
Maya Bay (Ko Phi Phi) 15, 104
Na Khai, Bucht (Ko Samui) 116
Nai Harn Beach (Phuket) 102
Nai Yang Beach (Phuket) 103
Naithon Beach (Phuket) 103
Nakhon Ratchasima (Korat) 74
Naklua Beach (Pattaya) 86

Nam Tok 51
Namtok Klong Chao, Wasserfall (Ko Kut) 95
Namuang, Wasserfall (Ko Samui) 115
Nang Thong Beach (Khao Lak) **106**, 108, 125
Nong Khai 80
Noppharat Thara Beach (Krabi) 109
Pai 34, **66**
Pai River 34
Pak Chong 76
Pak Thong Chai 75
Pansea Beach (Phuket) 102
Patong 103
Patong Beach (Phuket) 102, 103
Pattaya 32, 34, 82, **86**, 127, 134, 138
Pha-Sua-Nationalpark 69
Phang Nga 34, 97, **105**
Phanom Rung Historical Park 78
Phimai 71, **76**
Phra Nang Beach (Krabi) 108, 109, 110
Phu-Wiang-Nationalpark 79
Phuket 30, 32, 34, **100**, 124, 127, 130, 133, 134, 138
Phuket Aquarium 101
Phuket Simon Cabaret 103
Phuket Town **100**, 102, 103
Railay Beach (Krabi) 33, 108, 110
Ratchaprapha-Stausee (Chiew Lan) 126
Rayong 82, 83
Rin Beach (Ko Phangan) 118
Sai Kao Beach (White Sand Beach, Ko Chang) **92**, 94
Salak Khok (Ko Chang) 93
Sangklaburi 53
Santi Khiri 65
Sawankhalok 122
Si Satchanalai 122
Siam Niramit Phuket 104
Similan-Inseln 34, 107, 132
Sok River 126
Sop Ruak 66
Soppong 68
Sri-Lanna-Nationalpark 33
Sukhothai 14, 38, **54**, 122, 133
Sunset Beach (bei Pattaya) 86
Sunset Beach (Khao Lak Beach) 106
Surin 77
Surin Beach (Phuket) 102
Surin-Inseln 107, 132
Ta Klang 77
Tak 123
Takua Pa 108, 126
Tan Mayom, Wasserfall (Ko Chang) 92
Tapao Bay (Ko Kut) 95
Tha Nam Beach (Lonely Beach, Ko Chang) **93**, 94
Thai Elephant Conservation Center 63, 121
Tham Lot 68
Thaton 65
Thi Lo Su 33
Thong Sai, Bucht (Ko Samui) 116
Todeseisenbahn 39, **51**, 52, 133
Ton Sai Bay (Ko Phi Phi) 104
Ton Sai, Bucht (Krabi) 33, 109, 110
Trat 83, 129
Tree Top Adventure Park (Ko Chang) 94
Tubtim Beach (Ko Samet) 90

REGISTER & IMPRESSUM

Tung Dap 106
Tung Yee Peng (Ko Lanta) 112
Tup Kaek Beach (Krabi) 109
Ubolratana-Damm 79
Umphang 33, 124
Vientiane (Laos) 80
Wai Beach (Ko Samet) 90

Wang Po 51
Wat Chalong 100
Wat Kao Sukim 91
Wat Phra That Doi Suthep 63
Wat Phra That Lampang Luang 122

Wat Samai Kongkha (Ko Phangan) 119
Wat Tam Sua (Krabi) 110
White Sand Beach (Sai Kao Beach, Ko Chang) **92**, 94
Wong Deuan Bay (Ko Samet) 90
Wongamat Beach (Pattaya) 86

LOB ODER KRITIK? WIR FREUEN UNS AUF DEINE NACHRICHT!

Trotz gründlicher Recherche schleichen sich manchmal Fehler ein. Wir hoffen, du hast Verständnis, dass der Verlag dafür keine Haftung übernehmen kann.

**MARCO POLO Redaktion • MAIRDUMONT • Postfach 31 51
73751 Ostfildern • info@marcopolo.de**

Impressum

Titelbild: Chiang Mai, Bemalen von Schirmen (huber-images/Picture Finder)
Fotos: DuMont Bildarchiv: Sasse (26/27, 80); Wilfried Hahn (125); huber-images: L. Debelkova (60), Gräfenhain (109), G. Gräfenhain (6/7), F. Lukasseck (38/39), B. Morandi (56/57), R. Schmid (101), O. Stadler (27, 111, 130/131), L. Vaccarella (42/43, 142/143); huber-images/Picture Finder: G. Gräfenhain (24/25); Laif: T. & B. Morandi (76/77); K. Maeritz (93); mauritius images: Cassio (19), J. ELK III (Klappe hinten), J. Warburton-Lee (35); mauritius images/age Fotostock (Klappe vorne außen, Klappe innen, 1); mauritius images/Alamy (30/31, 46, 51, 68, 70/71, 90, 94/95, 118/119), L. Duggleby (105), D. Fadeev (23, 103), C. Haigh (31), C. Khongchum (133), T. Oudchachon (9), R. Sigaev (2/3); mauritius images/Alamy/Arterra Picture Library (74/75); mauritius images/Alamy/Danita Delimont Creative (106); mauritius images/Alamy/JSK (79); mauritius images/Alamy/Ruzic Videos (66/67); mauritius images/Alamy/SAGAPHOTO.COM: P. Forget (11); mauritius images/Alamy/SOPA Images Limited: I. Cruickshank (144/145); mauritius images/BlueHouseProject (120/121); mauritius images/Imagebroker: J. Beck (88), D. Bleyer (64), K. Landwer-Johan (12/13), O. Stadler (82/83), M. Wolf (53); mauritius images/Imagebroker/GTW (122); mauritius images/McPHOTO (87); mauritius images/SuperStock (8); mauritius images/Westend61: R. Richter (10); mauritus images/Prisma (32/33); M. Miethig (147); O. Stadler (14/15, 22, 96/97, 115, 116); O. Stadler/A. Stubhan (20)

19., aktualisierte Auflage 2023

© MAIRDUMONT GmbH & Co. KG, Ostfildern
Autoren: Wilfried Hahn, Martina Miethig; Redaktion: Corinna Walkenhorst; Bildredaktion: Gabriele Forst
Kartografie: © MAIRDUMONT, Ostfildern (S. 36–37, 123, 126, 128, Umschlag außen, Faltkarte); DuMont Reiseverlag, Ostfildern © MAIRDUMONT, Ostfildern (S. 49, 54); © MAIRDUMONT, Ostfildern, unter Verwendung von Kartendaten von OpenStreetMap, Lizenz CC-BY-SA 2.0 (S. 40–41, 44, 58–59, 62, 72–73, 84–85, 98–99, 100, 113)
Als touristischer Verlag stellen wir bei den Karten nur den De-facto-Stand dar. Dieser kann von der völkerrechtlichen Lage abweichen und ist völlig wertungsfrei.
Gestaltung Cover, Umschlag und Faltkartencover: bilekjaeger_Kreativagentur mit Zukunftswerkstatt, Stuttgart;
Gestaltung Innenlayout: Langenstein Communication GmbH, Ludwigsburg
Spickzettel: in Zusammenarbeit mit PONS Langenscheidt GmbH, Stuttgart
Texte hintere Umschlagklappe: Lucia Rojas
Konzept Coverlines: Jutta Metzler, bessere-texte.de

Printed in Poland

MIX
Paper | Supporting responsible forestry
FSC® C018236

MARCO POLO AUTORIN
MARTINA MIETHIG

Die ausgebildete Journalistin und Asienspezialistin ist seit 1994 in Thailand unterwegs, mit dem Crossmotorrad genauso wie zehn Tage schweigend im Meditationskloster. Als gelernte Masseurin staunte sie über die Thai-Massage, die echte: ohne Öl, aber mit Pyjama! In ihre Heimatstadt Berlin kehrt sie immer wieder mit spannenden Reportagen für Magazine zurück (geckostories.com).

BLOSS NICHT!
FETTNÄPFCHEN UND REINFÄLLE VERMEIDEN

UNANGENEHM AUFFALLEN
In Tempel, Moscheen und Privathäuser geht's immer mit gepflegter Kleidung, nicht im Beachoutfit, die Schuhe müssen draußen bleiben. Noch ein Tabu: „Oben ohne" und Nacktbaden verstößt gegen die Landessitten.

SICH MIT DROGEN ABGEBEN
Ob *ganja*, *jaba*, *Happy Herb Special Pizza* oder Designerpillen – Finger weg! Oft gibt es polizeilich inszenierte Deals, ganz abgesehen von drohender Haft- oder gar Todesstrafe schon beim Besitz kleinerer Drogenmengen.

AUF STREIT EINLASSEN
In seltenen Fällen kann es sein, dass die ansonsten sehr kontrollierten Thais es auf Ärger anlegen, etwa in alkoholisierter Runde. Lehn Einladungen zu Trinkgelagen mit Einheimischen, die du nicht kennst, freundlich ab oder entfern dich nach einem Höflichkeitsschluck. Falls du doch einmal Aggression zu spüren bekommst, immer schön ruhig bleiben.

ÜBERALL RAUCHEN
In öffentlichen Einrichtungen und Restaurants, Bars, Diskotheken und Clubs gilt striktes Rauchverbot, ebenso an vielen Stränden, z. B. Patong auf Phuket, Hua Hin und Khao Lak. Bei Verstößen drohen 100 000 Baht Strafe …

SCHLEPPERN FOLGEN
Sie bieten alles Mögliche an: Edelsteine, Sightseeingtouren, Prostituierte. Die Fremden gegenüber eher zurückhaltenden Thais sprechen dich nicht einfach auf der Straße an. Wenn es doch jemand tut, kannst du fast immer drauf wetten: Du zahlst am Ende drauf.